THE ORDER OF THE

DIVINE AND HOLY LITURGY

THE ORDER OF THE DIVINE AND HOLY LITURGY

ΔΙΑΤΑΞΙΣ ΤΗΣ ΘΕΙΑΣ ΚΑΙ ΙΕΡΑΣ ΛΕΙΤΟΥΡΓΙΑΣ

Holy Cross Orthodox Press
Brookline, Massachusetts 02146

Copyright © 1987 by Holy Cross Orthodox Press

Published by Holy Cross Orthodox Press
50 Goddard Avenue
Brookline, Massachusetts 02146

Cover design by Mary C. Vaporis

Library of Congress Cataloging-in-Publication Data

Greek Orthodox Archdiocese of North and South America.
The order of the divine and holy liturgy.

English and Greek.
Translation of: Diataxis tēs theias kai hieras leitourgias.

1. Lord's Supper (Liturgy) — Texts. 2. Greek Orthodox Arch-
diocese of North and South America — Liturgy — Texts. 3.
Orthodox Eastern Church — Liturgy — Texts.   I. Vaporis,
N. M. (Nomikos Michael), 1926-   .   II. Title.
  BX358.A5V36   1987   264'.019   87-3731
        ISBN 0-917651-40-5
        ISBN 0-917651-41-3 spiral

CONTENTS

CONTENTS

PREFACE

Holy Cross Orthodox Press happily continues its task of providing bilingual editions from among the liturgical treasures of our Greek Orthodox Church for our clergy and lay people. The present publication of *The Order of the Divine and Holy Liturgy* is the sixth volume in the series.

A number of people have given unselfishly of their time and talent to prepare this volume. To them many thanks are owed.

They are: Fr. Alkiviadis C. Calivas of Holy Cross; Fr. Theodore G. Stylianopoulos of Holy Cross; Fr. John C. Maheras of Cohasset, MA; Fr. Peter Chamberas of Roslindale, MA; Fr. George S. Zervos of Belleville, IL; Fr. George C. Papademetriou of Holy Cross; and Fr. Thomas FitzGerald of Holy Cross.

This volume was greatly improved due to the valuable contributions made by Bishop Demetrios of Vresthena, Bishop Methodios of Boston, Bishop Maximos of Pittsburgh and Bishop Athenagoras of Dorylaion.

Also contributing their technical skills and talent were Mr. Nicholas Hatzinikolaou, Miss Georgia Stathopoulou, Miss Eleni Baker, and Mr. Nicholas Constas. To all I owe more than I can repay. Needless to say, any imperfections present are my responsibility alone.

Fr. N. Michael Vaporis
Director, Holy Cross Orthodox Press

ΔΙΑΤΑΞΙΣ ΤΗΣ ΘΕΙΑΣ ΚΑΙ ΙΕΡΑΣ ΛΕΙΤΟΥΡΓΙΑΣ

Μέλλων ὁ Ἱερεὺς τὴν Θείαν ἐπιτελεῖν Μυσταγω-
γίαν ὀφείλει προηγουμένως μὲν κατηλλαγμένος
εἶναι μετὰ πάντων καὶ μὴ ἔχειν τι κατά τινος, καὶ
τὴν καρδίαν δὲ ὅση δύναμις, ἀπὸ πονηρῶν τη-
ρῆσαι λογισμῶν· ἐγκρατεύεσθαί τε ἀφ' ἑσπέρας,
καὶ ἐγρηγορέναι μέχρι τοῦ τῆς Ἱερουργίας καιροῦ.
Τοῦ δὲ καιροῦ ἐπιστάντος, εἰσέρχεται μετὰ τοῦ
Διακόνου ἐν τῷ Ναῷ, ποιοῦσιν κατὰ Ἀνατολὰς
ἔμπροσθεν τῆς Ὡραίας Πύλης προσκυνήματα
τρία, λέγοντες τό·

Η ΑΚΟΛΟΥΘΙΑ ΤΟΥ ΚΑΙΡΟΥ

Ἱερεύς (Διάκονος): **Ὁ Θεὸς ἱλάσθητί μοι τῷ ἁμαρτωλῷ.**

Διάκονος: **Εὐλόγησον Δέσποτα.**

Ἱερεύς: **Εὐλογητὸς ὁ Θεὸς ἡμῶν, πάν-τοτε, νῦν καὶ ἀεὶ καὶ εἰς τοὺς αἰῶνας τῶν αἰώνων.**

Ἱερεύς (Διάκονος): **Ἀμήν.**

THE ORDER OF THE DIVINE AND HOLY LITURGY

The Priest who is about to celebrate the Divine Liturgy must first be reconciled with everyone, having nothing against any person, and, insofar as it is within his power, guard his heart from evil thoughts, abstain from the previous evening, and be vigilant until the time of the service. When the time has arrived, he enters the church (with the deacon), faces east, and reverences thrice before the Holy Gate saying:

THE SERVICE OF THE KAIROS

Priest: (Deacon): **May God have mercy on me the sinner.**

Deacon: **Father, give the blessing.**

Priest: **Blessed is our God always, now and forever and to the ages of ages.**

Priest (Deacon): **Amen.**

Ἱερεύς: **Δόξα σοι, ὁ Θεὸς ἡμῶν, δόξα σοι.**

Ἱερεύς: **Βασιλεῦ οὐράνιε, Παράκλητε, τὸ Πνεῦμα τῆς ἀληθείας, ὁ πανταχοῦ παρὼν καὶ τὰ πάντα πληρῶν, ὁ θησαυρὸς τῶν ἀγαθῶν καὶ ζωῆς χορηγός, ἐλθὲ καὶ σκήνωσον ἐν ἡμῖν καὶ καθάρισον ἡμᾶς ἀπὸ πάσης κηλῖδος καὶ σῶσον, Ἀγαθέ, τὰς ψυχὰς ἡμῶν.**

Ἱερεύς (Διάκονος): **Ἅγιος ὁ Θεός, Ἅγιος Ἰσχυρός, Ἅγιος Ἀθάνατος, ἐλέησον ἡμᾶς (3).**

Ἱερεύς (Διάκονος): **Δόξα Πατρὶ καὶ Υἱῷ καὶ Ἁγίῳ Πνεύματι· καὶ νῦν καὶ ἀεὶ καὶ εἰς τοὺς αἰῶνας τῶν αἰώνων. Ἀμήν.**

Ἱερεύς (Διάκονος): **Παναγία Τριάς, ἐλέησον ἡμᾶς. Κύριε, ἱλάσθητι ταῖς ἁμαρτίαις ἡμῶν. Δέσποτα, συγχώρησον τὰς ἀνομίας ἡμῖν. Ἅγιε, ἐπίσκεψαι καὶ ἴασαι τὰς ἀσθενείας ἡμῶν, ἔνεκεν τοῦ ὀνόματός σου.**

Priest: **Glory to You, our God, glory to You.**

Priest: **Heavenly King, Comforter, the Spirit of Truth, Who are present everywhere and fill all things, Treasury of good things and Giver of life, come and dwell in us, cleanse us of every stain, and save our souls, O Good One.**

Priest (Deacon): **Holy God, Holy Mighty, Holy Immortal, have mercy on us (3).**

Priest (Deacon): **Glory to the Father and the Son and the Holy Spirit, now and forever and to the ages. Amen.**

Priest (Deacon): **All holy Trinity, have mercy on us. Lord, forgive our sins. Master, pardon our transgression. Holy One, visit and heal our infirmities for Your name's sake.**

Ἱερεύς (Διάκονος): **Κύριε, ἐλέησον. Κύριε, ἐλέησον. Κύριε, ἐλέησον.**

Ἱερεύς (Διάκονος): **Δόξα Πατρὶ καὶ Υἱῷ καὶ Ἁγίῳ Πνεύματι· καὶ νῦν καὶ ἀεὶ καὶ εἰς τοὺς αἰῶνας τῶν αἰώνων. Ἀμήν.**

Ἱερεύς (Διάκονος): **Πάτερ ἡμῶν, ὁ ἐν τοῖς οὐρανοῖς, ἁγιασθήτω τὸ ὄνομά σου. Ἐλθέτω ἡ βασιλεία σου. Γενηθήτω τὸ θέλημά σου, ὡς ἐν οὐρανῷ καὶ ἐπὶ τῆς γῆς. Τὸν ἄρτον ἡμῶν τὸν ἐπιούσιον δὸς ἡμῖν σήμερον. Καὶ ἄφες ἡμῖν τὰ ὀφειλήματα ἡμῶν, ὡς καὶ ἡμεῖς ἀφίεμεν τοῖς ὀφειλέταις ἡμῶν. Καὶ μὴ εἰσενέγκῃς ἡμᾶς εἰς πειρασμόν, ἀλλὰ ῥῦσαι ἡμᾶς ἀπὸ τοῦ πονηροῦ.**

Ἱερεύς: **Ὅτι σοῦ ἐστιν ἡ βασιλεία καὶ ἡ δύναμις καὶ ἡ δόξα, τοῦ Πατρὸς καὶ τοῦ Υἱοῦ καὶ τοῦ Ἁγίου Πνεύματος, νῦν καὶ ἀεὶ καὶ εἰς τοὺς αἰῶνας τῶν αἰώνων. Ἀμήν.**

Ἱερεύς: **Ἐλέησον ἡμᾶς, Κύριε, ἐλέησον ἡμᾶς· πάσης γὰρ ἀπολογίας ἀπορούν-**

Priest (Deacon): **Lord, have mercy. Lord, have mercy. Lord, have mercy.**

Priest (Deacon): **Glory to the Father and the Son and the Holy Spirit, now and forever and to the ages of ages. Amen.**

Priest (Deacon): **Our Father, who art in heaven hallowed be Thy name. Thy kingdom come, Thy will be done on earth, as it is on heaven. Give us this day our daily bread and forgive us our trespasses as we forgive those who trespass against us and lead us not into temptation, but deliver us from evil.**

Priest: **For Yours is the kingdom and the power and the glory, of the Father and the Son and the Holy Spirit, now and forever and to the ages of ages. Amen.**

Priest: **Have mercy on us, O Lord, have mercy on us. Being without any defense,**

τες, ταύτην σοι τὴν ἱκεσίαν ὡς Δεσπότῃ, οἱ ἁμαρτωλοὶ προσφέρομεν· ἐλέησον ἡμᾶς.

Ἱερεύς (Διάκονος): **Δόξα Πατρὶ, καὶ Υἱῷ καὶ Ἁγίῳ Πνεύματι.**

Ἱερεύς (Διάκονος): **Κύριε, ἐλέησον ἡμᾶς, ἐπὶ σοὶ γὰρ πεποίθαμεν· μὴν ὀργισθῇς ἡμῖν σφόδρα, μηδὲ μνησθῇς τῶν ἀνομιῶν ἡμῶν· ἀλλ' ἐπίβλεψον καὶ νῦν ὡς εὔσπλαγχνος, καὶ λύτρωσαι ἡμᾶς ἐκ τῶν ἐχθρῶν ἡμῶν· σὺ γὰρ εἶ Θεὸς ἡμῶν, καὶ ἡμεῖς λαός σου· πάντες ἔργα χειρῶν σου, καὶ τὸ ὄνομά σου ἐπικεκλήμεθα.**

Ἱερεύς (Διάκονος): **Καὶ νῦν καὶ ἀεὶ καὶ εἰς τοὺς αἰῶνας τῶν αἰώνων. Ἀμήν.**

Ἱερεύς (Διάκονος): **Τῆς εὐσπλαγχνίας τὴν πύλην ἄνοιξον ἡμῖν, εὐλογημένη Θεοτόκε· ἐλπίζοντες εἰς σέ, μὴ ἀστοχήσωμεν· ρυσθείημεν διὰ σοῦ τῶν περιστάσεων· σὺ γὰρ εἶ ἡ σωτηρία τοῦ γένους τῶν Χριστιανῶν.**

Ἱερεύς (Διάκονος): **Κύριε, ἐλέησον** (12).

we sinners offer this prayer to You as Master. Have mercy on us.

Priest (Deacon): **Glory to the Father and the Son and the Holy Spirit.**

Priest (Deacon): **Lord, have mercy on us, for we have put our trust in You. Do not be exceedingly angry with us nor remember our transgressions, but look upon us even now with compassion and save us from our enemies. For You are our God and we Your people. We are all the work of Your hands, and call upon Your name.**

Priest (Deacon): **Now and forever and to the ages of ages. Amen.**

Priest (Deacon): **O blessed Theotokos, open the doors of compassion to us who have our hope in you that we may not perish but be delivered from adversity, for you are the salvation of the Christian people.**

Priest (Deacon): **Lord, have mercy** (12).

Εἶτα ἀπερχόμενοι προσκυνοῦσι τὰς ἁγίας εἰκόνας,
καὶ εἰς μὲν τὴν εἰκόνα τοῦ Χριστοῦ λέγουσιν·

Ἱερεύς (Διάκονος): **Τὴν ἄχραντον εἰκόνα σου προσκυνοῦμεν Ἀγαθέ, αἰτούμενοι συγχώρησιν τῶν πταισμάτων ἡμῶν, Χριστὲ ὁ Θεός· βουλήσει γὰρ ηὐδόκησας σαρκὶ ἀνελθεῖν ἐν τῷ Σταυρῷ, ἵνα ῥύσῃ οὓς ἔπλασας ἐκ τῆς δουλείας τοῦ ἐχθροῦ. Ὅθεν εὐχαρίστως βοῶμέν σοι· χαρᾶς ἐπλήρωσας τὰ πάντα, ὁ Σωτὴρ ἡμῶν παραγενόμενος εἰς τὸ σῶσαι τὸν κόσμον.**

Εἰς δὲ τὴν εἰκόνα τῆς Θεοτόκου λέγουσιν·

Ἱερεύς (Διάκονος): **Εὐσπλαγχνίας ὑπάρχουσα πηγή, συμπαθείας ἀξίωσον ἡμᾶς Θεοτόκε· βλέψον εἰς λαὸν τὸν ἁμαρτήσαντα· δεῖξον ὡς ἀεὶ τὴν δυναστείαν σου· εἰς σὲ γὰρ ἐλπίζοντες, τὸ χαῖρε βοῶμέν σοι, ὥς ποτε ὁ Γαβριήλ, ὁ τῶν Ἀσωμάτων Ἀρχιστράτηγος.**

Εἰς δὲ τὴν εἰκόνα τοῦ Προδρόμου λέγουσιν·

Ἱερεύς (Διάκονος): **Μνήμη δικαίου μετ' ἐγκωμίων, σοὶ δὲ ἀρκέσει ἡ μαρτυρία τοῦ Κυρίου, Πρόδρομε· ἀνεδείχθης γὰρ**

*Then they proceed to venerate the holy icons.
Before the icon of Christ they say:*

Priest (Deacon): **Before your pure icon we bow, O Good One, asking for forgiveness for our sins, Christ our God. By Your good will, You have ascended upon the Cross in the flesh to rescue us, whom You created, from the yoke of the enemy. Therefore, with thanks we cry out to You: our Savior, You have filled all things with joy, having come to save the world.**

Before the icon of the Theotokos they say:

Priest (Deacon): **Since you are a fountain of mercy, O Theotokos, make us worthy of your compassion. Look upon a people who have sinned and, as ever, show your power, for we have put our trust in you. And to you we cry out: Rejoice! as once did Gabriel the Archangel.**

Before the icon of the Baptist they say:

Priest (Deacon): **The memory of the righteous is praiseworthy, and the witness of the Lord is sufficient for you, O**

ὄντως, καὶ Προφητῶν σεβασμιώτερος, ὅτι ἐν ῥείθροις βαπτίσαι κατηξιώθης τὸν κηρυττόμενον· ὅθεν τῆς ἀληθείας ὑπεραθλήσας χαίρων εὐηγγελίσω καὶ τοῖς ἐν ἄδῃ Θεόν, φανερωθέντα ἐν σαρκί, τὸν αἴροντα τὴν ἁμαρτίαν τοῦ κόσμου, καὶ παρέχοντα ἡμῖν τὸ μέγα ἔλεος.

Ἀσπάζονται δὲ καὶ τὴν φερώνυμον εἰκόνα τοῦ Ναοῦ λέγοντες τὸ σχετικὸν Ἀπολυτίκιον. Μετὰ τὸν ἀσπασμόν, ἐπανέρχονται καὶ ἵστανται εἰς τὴν προτέραν αὐτῶν θέσιν (ὁ Διάκονος δεξιὰ τοῦ Ἱερέως) καὶ λέγει τῷ Ἱερεῖ ὁ Διάκονος·

Διάκονος (Ἱερεύς): **Τοῦ Κυρίου δεηθῶμεν. Κύριε, ἐλέησον.**

Καὶ τὰς κεφαλὰς κλινόντων ὁ Ἱερεὺς λέγει ἀσκεπὴς τὴν εὐχὴν ταύτην·

Ἱερεύς: **Κύριε, ἐξαπόστειλον τὴν χεῖρά σου ἐξ ὕψους κατοικητηρίου σου, καὶ ἐνίσχυσόν με εἰς τὴν προκειμένην διακονίαν σου, ἵνα ἀκατακρίτως παραστὰς τῷ φοβερῷ σου βήματι, τὴν ἀναίμακτον ἱερουργίαν ἐπιτελέσω. Ὅτι σοῦ ἐστιν ἡ δύναμις, καὶ ἡ δόξα εἰς τοὺς**

Forerunner. Truly you have been revealed the most reverent among the prophets, for you were found worthy to baptize in water, Him who was proclaimed. Therefore, you strove for truth, proclaiming God with joy even to those in Hades, God Who appeared in the flesh, the One Who took away the sin of the world and granted to us the great mercy.

They then venerate the icon of the patron saint of the church saying the Apolytikion. After the veneration they return and stand before the Holy Gate (the Deacon to the right of the Priest), and the Deacon says to the Priest:

Priest (Deacon): **Let us pray to the Lord. Lord, have mercy.**

They bow their heads and the priest offers the following prayer:

Priest: **Lord, stretch forth Your hand from your dwelling place on high and strengthen me for Your forthcoming service so that I may stand without condemnation before your awesome judgment seat, and celebrate your sacrifice which is without blood. For yours is the**

αἰῶνας τῶν αἰώνων. Ἀμήν.

Διάκονος: **Δόξα Πατρὶ καὶ Υἱῷ καὶ Ἁγίῳ Πνεύματι· καὶ νῦν καὶ ἀεὶ καὶ εἰς τοὺς αἰῶνας τῶν αἰώνων. Ἀμήν.**

Διάκονος: **Κύριε, ἐλέησον. Κύριε, ἐλέησον. Κύριε, ἐλέησον. Δέσποτα Ἅγιε εὐλόγησον.**

Ἱερεύς: **Δόξα σοι, Χριστὲ ὁ Θεὸς ἡμῶν, δόξα σοι.**

Ἱερεύς: **(Ὁ ἀναστὰς ἐκ νεκρῶν) Χριστὸς ὁ ἀληθινὸς Θεὸς ἡμῶν, ταῖς πρεσβείαις τῆς παναχράντου καὶ παναμώμου ἁγίας αὐτοῦ μητρός· δυνάμει τοῦ τιμίου καὶ ζωοποιοῦ Σταυροῦ· προστασίαις τῶν τιμίων ἐπουρανίων Δυνάμεων ἀσωμάτων· ἱκεσίαις τοῦ τιμίου, ἐνδόξου, προφήτου, προδρόμου καὶ βαπτιστοῦ Ἰωάννου· τῶν ἁγίων, ἐνδόξων καὶ πανευφήμων Ἀποστόλων· τῶν ἁγίων, ἐνδόξων καὶ καλλινίκων Μαρτύρων· τῶν ὁσίων καὶ θεοφόρων Πατέρων ἡμῶν** (τοῦ Ναοῦ)· **τῶν ἁγίων**

power and the glory to the ages of ages. Amen.

Deacon: **Glory to the Father and the Son and the Holy Spirit, now and forever and to the ages of ages. Amen.**

Deacon: **Lord, have mercy. Lord, have mercy. Lord, have mercy. Father, give the blessing.**

Priest: **Glory to You, Christ our God, glory to You.**

Priest: **May Christ our true God (who rose from the dead) as a good and loving and merciful God, have mercy on us and save us, through the intercessions of His most pure and holy Mother; the power of the precious and life giving Cross; the protection of the honorable, bodiless powers of heaven; the supplications of the honorable, glorious, prophet, and forerunner John the Baptist; the holy, glorious, and praiseworthy apostles; the holy, glorious, and triumphant martyrs; our holy and God bearing Fathers (***Name***

καὶ δικαίων θεοπατόρων Ἰωακεὶμ καὶ Ἄννης, τοῦ Ἁγίου (*τῆς ἡμέρας*) οὗ καὶ τὴν μνήμην ἐπιτελοῦμεν, τοῦ ἐν ἁγίοις πατρὸς ἡμῶν Ἰωάννου Ἀρχιεπισκόπου Κωνσταντινουπόλεως τοῦ Χρυσοστόμου (*ἢ τοῦ ἐν ἁγίοις πατρὸς ἡμῶν Βασιλείου Ἀρχιεπισκόπου Καισαρείας Καππαδοκίας τοῦ Μεγάλου*), καὶ πάντων τῶν ἁγίων, ἐλεήσαι καὶ σώσαι ἡμᾶς ὡς ἀγαθὸς καὶ φιλάνθρωπος καὶ ἐλεήμων Θεός.

Δι' εὐχῶν τῶν ἁγίων Πατέρων ἡμῶν, Κύριε Ἰησοῦ Χριστὲ ὁ Θεός, ἐλέησον καὶ σῶσον ἡμᾶς. Ἀμήν.

Προσκυνήσαντες εἶτα τρὶς καὶ ζητήσαντες συγχώρησιν παρὰ τοῦ λαοῦ δι' ὑποκλίσεως, εἰσέρχονται εἰς τὸ θυσιαστήριον, ὁ μὲν Ἱερεὺς διὰ τῆς βορείου θύρας, ὁ δὲ διάκονος διὰ τῆς νοτίου, προσκυνοῦντες ἀσκεπεῖς καὶ λέγοντες ἑκάτεροι τό·

Ἱερεύς (Διάκονος): Εἰσελεύσομαι εἰς τὸν ἅγιον οἶκόν Σου, προσκυνήσω μίαν Θεότητα προσκυνουμένην τρισυποστάτως, ἐν Πατρί τε καὶ Υἱῷ καὶ ἁγίῳ Πνεύματι, εἰς τοὺς αἰῶνας. Ἀμήν.

* * *

of the church); **the holy and righteous ancestors Joachim and Anna; Saint** (*of the day*), **whose memory we commemorate today; of our father among the saints, John Chrysostom, archbishop of Constantinople** (*or of our Father among the Saints, Basil the Great, archbishop of Kaisareia in Kappadokia,*)**; and all the saints.**

Through the prayers of our holy fathers, Lord Jesus Christ our God, have mercy on us and save us. Amen.

After reverencing thrice before the Holy Gate, they turn and bow to the people asking forgiveness. They then enter the sanctuary, the priest by the north door and the deacon by the south door, each reverencing with heads uncovered and saying:

Priest (Deacon): **I shall enter Your holy house and worship one Divinity, worshiped in three Persons: Father, Son and the Holy Spirit to the ages. Amen.**

* * *

Η ΑΚΟΛΟΥΘΙΑ ΤΗΣ ΕΝΔΥΣΕΩΣ

Καὶ οὕτως ἀσπάζονται τὸ ἅγιον Εὐαγγέλιον καὶ τὴν ἁγίαν Τράπεζαν. Εἶτα λαμβάνει ἕκαστος τὰ ἱερὰ αὐτοῦ ἄμφια. Ὁ μὲν Διάκονος προσέρχεται τῷ Ἱερεῖ, κρατῶν εἰς τὰς χεῖράς του τὸ στιχάριον, τὰ ἐπιμάνικα καὶ τὸ ὡράριον, καὶ λέγει·

Διάκονος: **Εὐλόγησον Δέσποτα, τὸ στιχάριον, σὺν τῷ ὡραρίῳ.**

Ἱερεύς: **Εὐλογητὸς ὁ Θεὸς ἡμῶν, πάντοτε, νῦν καὶ ἀεὶ καὶ εἰς τοὺς αἰῶνας τῶν αἰώνων. Ἀμήν.**

Καὶ ἀσπάζεται ὁ Διάκονος τὴν δεξιὰν τοῦ Ἱερέως· Εἶτα ὑποχωρεῖ εἰς ἓν μέρος τοῦ Ἱερατείου καὶ ἐνδύεται τὸ στιχάριον, λέγων·

Ὁ Ἱερεὺς εὐλογῶν ἐνδύεται τὸ στιχάριον καὶ λέγει·

Ἱερεύς (Διάκονος): **Ἀγαλλιάσεται ἡ ψυχή μου ἐπὶ τῷ Κυρίῳ· ἐνέδυσε γάρ με ἱμάτιον σωτηρίου, καὶ χιτῶνας εὐφροσύνης περιέβαλέ με· ὡς νυμφίῳ περιέθηκέ μοι μίτραν, καὶ ὡς νύμφην κατεκόσμησε με κόσμῳ· πάντοτε, νῦν καὶ ἀεὶ καὶ εἰς τοὺς αἰῶνας τῶν αἰώνων. Ἀμήν.**

Φορῶν τὸ ἐπιπετραχήλιον μετὰ τὸ ἀσπασθῆναι αὐτό, λέγει·

THE SERVICE OF VESTING

They then kiss the holy Gospel Book and the holy Table. Each then takes up his own vestments. The deacon comes before the priest, holding his sticharion, epimanika, and orarion and says:

Deacon: **Father, bless the sticharion and orarion.**

Priest: **Blessed is our God always, now and forever, and to the ages of ages. Amen.**

The Deacon kisses the right hand of the priest and then withdraws to one side of the sanctuary and puts on his sticharion saying:

The Priest after blessing his sticharion, puts it on saying:

Priest (Deacon): **My soul shall rejoice in the Lord, for He has clothed me with a garment of righteousness and has covered me with a robe of gladness. He has crowned me as a bridegroom, and has adorned me as a bride with jewels always, now and forever and to the ages of ages. Amen.**

Putting on the epitrachelion after kissing it, he says:

Ἱερεύς: **Εὐλογητὸς ὁ Θεός, ὁ ἐκχέων τὴν χάριν αὐτοῦ ἐπὶ τοὺς ἱερεῖς αὐτοῦ, ὡς μύρον ἐπὶ κεφαλῆς, τὸ καταβαῖνον ἐπὶ πώγωνα, τὸν πώγωνα τοῦ Ἀαρών, τὸ καταβαῖνον ἐπὶ τὴν ᾤαν τοῦ ἐνδύματος αὐτοῦ.**

Φορῶν τὸ ἐπιμάνικον εἰς τὴν δεξιὰν χεῖρα λέγει·

Ἱερεύς (Διάκονος): **Ἡ δεξιά σου χείρ, Κύριε, δεδόξασται ἐν ἰσχύϊ· ἡ δεξιά σου, Κύριε, ἔθραυσεν ἐχθροὺς· καὶ τῷ πλήθει τῆς δόξης σου συνέτριψας τοὺς ὑπεναντίους.**

Φορῶν τὸ ἐπιμάνικον εἰς τὴν ἀριστερὰν χεῖρα, λέγει·

Ἱερεύς (Διάκονος): **Αἱ χεῖρές σου ἐποίησάν με καὶ ἔπλασάν με, συνέτισόν με καὶ μαθήσομαι τὰς ἐντολάς σου.**

Φορῶν τὴν ζώνην λέγει·

Ἱερεύς: **Εὐλογητὸς ὁ Θεὸς ὁ περιζωννύων με δύναμιν, καὶ ἔθετο ἄμωμον τὴν ὁδόν μου, πάντοτε, νῦν καὶ ἀεὶ καὶ εἰς τοὺς αἰῶνας τῶν αἰώνων. Ἀμήν.**

Priest: **Blessed is God who pours out His grace upon His priests, as myrrh upon the head that ran down the beard, the beard of Aaron, which ran down to the helm of his garment.**

Placing the epimanikion on his right hand, he says:

Priest (Deacon): **Your right hand, O Lord, is glorious in strength. Your right hand, O Lord, had crushed the enemies. In the fullness of Your glory You have shattered the adversaries.**

Placing the epimanikion on the left hand, he says:

Priest (Deacon): **Your hands have made me and have fashioned me. Grant me understanding and I shall learn from Your commandments.**

Wearing the zone, he says:

Priest: **Blessed is God who girds me with strength and makes my way blameless always, now and forever and to the ages of ages. Amen.**

Φορῶν τὸ ἐπιγονάτιον (εἴπέρ ἐστι ἀξιωματοῦχος τῆς ἐκκλησίας), λέγει·

Ἱερεύς: **Περίζωσαι τὴν ῥομφαίαν σου ἐπὶ τὸν μηρόν σου, Δυνατέ, τῇ ὡραιότητί σου καὶ τῷ κάλλει σου καὶ ἔντεινε, καὶ κατευοδοῦ, καὶ βασίλευε, ἔνεκεν ἀληθείας, καὶ πραότητος, καὶ δικαιοσύνης καὶ ὁδηγήσει σε θαυμαστῶς ἡ δεξιά σου.**

Εἶτα λαβὼν τὸ φελόνιον εὐλογήσας ἀσπάζεται αὐτὸ λέγων·

Ἱερεύς: **Οἱ ἱερεῖς σου, Κύριε, ἐνδύσονται δικαιοσύνην, καὶ οἱ ὅσιοί σου ἀγαλλιάσει ἀγαλλιάσονται. Πάντοτε, νῦν καὶ ἀεὶ καὶ εἰς τοὺς αἰῶνας τῶν αἰώνων. Ἀμήν.**

Εὐθὺς δὲ ἀπέρχεται εἰς τὸν νιπτῆρα καὶ λέγει·

Ἱερεύς: **Νίψομαι ἐν ἀθῴοις τὰς χεῖράς μου, καὶ κυκλώσω τὸ θυσιαστήριόν σου, Κύριε, τοῦ ἀκοῦσαί με φωνῆς αἰνέσεώς σου, καὶ διηγήσασθαι πάντα τὰ θαυμάσιά σου. Κύριε, ἠγάπησα εὐπρέπειαν οἴκου σου καὶ τόπον σκηνώματος δόξης σου. Μὴ συναπολέσῃς μετὰ ἀσεβῶν τὴν**

Putting on the epigonation (if he is a holder of an offikion of the Church), he says:

Priest: **Gird your sword upon Your thigh, O Mighty One, and in Your splendor and beauty string Your bow. Prosper and reign because of truth, meekness, and righteousness. Your right hand shall lead You wondrously always, now and forever and to the ages of ages. Amen.**

Then taking the phelonion, he blesses and kisses it saying:

Priest: **Your priests, O Lord, shall clothe themselves with righteousness, and Your saints shall rejoice with joy, always, now and forever and to the ages of ages. Amen.**

He immediately proceeds to the neptera and says:

Priest: **I shall wash my hands in innocence, O Lord, and shall serve before Your altar. I shall listen to the voice of Your praise and declare all Your wonders. Lord, I have loved the beauty of Your house, the place where Your glory abides. Destroy not my soul with**

ψυχήν μου, καὶ μετὰ ἀνδρῶν αἰμάτων τὴν ζωήν μου, ὧν ἐν χερσὶν αἱ ἀνομίαι· ἡ δεξιὰ αὐτῶν ἐπλήσθη δώρων· ἐγὼ δὲ ἐν ἀκακία μου ἐπορεύθην· λύτρωσαί με, Κύριε, καὶ ἐλέησόν με· ὁ ποῦς μου ἔστη ἐν εὐθύτητι· ἐν ἐκκλησίαις εὐλογήσω σε Κύριε.

* * *

Η ΑΚΟΛΟΥΘΙΑ ΤΗΣ ΠΡΟΣΚΟΜΙΔΗΣ

Ἐλθὼν ὁ Ἱερεὺς εἰς τὴν Πρόθεσιν προσκυνεῖ τρὶς λέγων·

Ἱερεύς: **Ὁ Θεός, ἱλάσθητί μοι τῷ ἁμαρτωλῷ καὶ ἐλέησόν με.**

Καὶ λαβὼν τὴν Προσφορὰν καὶ τὴν ἁγίαν Λόγχην ταῖς δυσὶ χερσὶν ὑψώνει αὐτὴν μέχρι τοῦ μετώπου του καὶ λέγει·

Ἱερεύς: **Ἐξηγόρασας ἡμᾶς ἐκ τῆς κατάρας τοῦ νόμου, τῷ τιμίῳ σου Αἵματι· τῷ Σταυρῷ προσηλωθείς, καὶ τῇ Λόγχῃ κεντηθείς, τὴν ἀθανασίαν ἐπήγασας ἀνθρώποις. Σωτὴρ ἡμῶν, δόξα σοι.**

Διάκονος: **Εὐλόγησον Δέσποτα.**

sinners, nor my life with men of blood in whose hands are transgressions; their right hand is full of bribes. But as for me, I have walked in innocence. Redeem me, O Lord, and have mercy on me. My foot is set upon the straight path; in the assemblies, O Lord, I shall bless You.

* * *

THE SERVICE OF THE PROSKOMIDE

Coming before to the Prothesis, the Priest makes three reverences and says:

Priest: **O God, be gracious to me the sinner and have mercy on me.**

Taking the prosphoron and the holy lance in his hands, he raises them up to his forehead and says:

Priest: **You have redeemed us from the curse of the Law by Your precious blood. By being nailed to the Cross and pierced with a lance, You have become a fountain of immortality for all the people. Glory to You, our Savior.**

Deacon: **Father, give the blessing.**

Ἱερεύς: **Εὐλογητὸς ὁ Θεὸς ἡμῶν, πάντοτε, νῦν καὶ ἀεὶ καὶ εἰς τοὺς αἰῶνας τῶν αἰώνων. Ἀμήν.**

Εἶτα κρατῶν ὁ Ἱερεὺς τὴν μὲν Προσφορὰν μὲ τὴν ἀριστερὰν χεῖρα, τὴν δὲ Λόγχην μὲ τὴν δεξιάν, ποιεῖ Σταυρὸν διὰ τῆς Λόγχης ἄνω τῆς Προσφορᾶς λέγων·

Ἱερεύς: **Εἰς ἀνάμνησιν τοῦ Κυρίου καὶ Θεοῦ, καὶ Σωτῆρος ἡμῶν Ἰησοῦ Χριστοῦ** (*3*).

Καὶ ὁ Ἱερεὺς πήγνυσι τὴν Λόγχην ἐν τῷ δεξιῷ μέρει τῆς σφραγίδος καὶ ἀνατέμνων λέγει.

Ἱερεύς: **Ὡς πρόβατον ἐπὶ σφαγὴν ἤχθη.**

Εἶτα ἐν τῷ ἀριστερῷ μέρει, λέγων·

Ἱερεύς: **Καὶ ὡς Ἀμνὸς ἄμωμος, ἐναντίον τοῦ κείροντος αὐτὸν ἄφωνος, οὕτως οὐκ ἀνοίγει τὸ στόμα αὐτοῦ.**

Ἐν δὲ τῷ ἄνω μέρει τῆς σφραγῖδος λέγει·

Ἱερεύς: **Ἐν τῇ ταπεινώσει αὐτοῦ ἡ κρίσις αὐτοῦ ἤρθη.**

Ἐν δὲ τῷ κάτω μέρει λέγει·

Priest: **Blessed is our God always, now and forever and to the ages of ages. Amen.**

Then, holding the prosphoron in his left hand and the lance in his right, the priest makes the sign of the cross with the lance over the prosphoron and says:

Priest: **In remembrance of our Lord and God and Savior Jesus Christ** (3).

The Priest thrusts the lance into the right side of the seal, cuts, and says:

Priest: **As a sheep He was led to the slaughter.**

Then on the left side and says:

Priest: **And as a blameless lamb, dumb before his shearer, He opens not His mouth.**

At the upper part of the seal he says:

Priest: **In His humiliation His judgment was taken away.**

At the lower part of the seal he says:

Ἱερεύς: **Τὴν δὲ γενεὰν αὐτοῦ τίς διηγήσεται;**

Διάκονος: **Ἔπαρον, Δέσποτα.**

Ὁ Ἱερεὺς δὲ τότε ἐμβαλὼν τὴν Λόγχην ἐν τῷ κάτω μέρει τῆς Προσφορᾶς, ἐπαίρει τὸν ἅγιον Ἄρτον λέγων·

Ἱερεύς: **Ὅτι αἴρεται ἀπὸ τῆς γῆς ἡ ζωὴ αὐτοῦ.**

Καὶ θεὶς αὐτὸν τὸ ἀνάπαλιν ἐν τῷ ἁγίῳ Δίσκῳ, λέγει ὁ Διάκονος·

Διάκονος: **Θῦσον, Δέσποτα.**

Τέμνει αὐτὸν μὲ τὴν Λόγχην σταυροειδῶς λέγων·

Ἱερεύς: **Θύεται ὁ Ἀμνὸς τοῦ Θεοῦ, ὁ αἴρων τὴν ἁμαρτίαν τοῦ κόσμου, ὑπὲρ τῆς τοῦ κόσμου ζωῆς καὶ σωτηρίας.**

Καὶ ἀμέσως·

Ἱερεύς: **Σταυρωθέντος Σου Χριστέ, ἀνηρέθη ἡ τυραννίς, ἐπατήθη ἡ δύναμις τοῦ ἐχθροῦ, οὔτε γὰρ ἄγγελος,**

Priest: **And who shall declare his generation?**

Deacon: **Father, raise up.**

Then the Priest inserts the lance obliquely under the bottom of the prosphoro, raises the holy Lamb saying:

Priest: **For His life is raised up from the earth.**

He then places the seal upside down on the holy Diskarion, while the Deacon says:

Deacon: **Father, sacrifice.**

He then cuts it crosswise with the lance saying:

Priest: **Sacrificed is the Lamb of God Who takes away the sin of the world, for the life and salvation of the world.**

And immediately:

Priest: **By Your crucifixion, O Christ, tyranny was abolished and the power of the enemy was trampeled upon, for it was**

οὔτε ἄνθρωπος, ἀλλ' αὐτὸς ὁ Κύριος ἔσωσεν ἡμᾶς· δόξα σοι.

Καὶ εὐθὺς ἀναγυρίζει τὸν Ἀμνὸν ἐκ τῆς ὄψεως (ἤτοι ἐκ τῆς σφραγῖδος), τοῦ δὲ Διακόνου λέγοντος·

Διάκονος: **Νύξον, Δέσποτα.**

Ὁ Ἱερεύς, νύττων διὰ τῆς Λόγχης ἐκ τοῦ δεξιοῦ μέρους τοῦ Ἀμνοῦ, κεντᾷ ἐπάνω εἰς τὸ ΝΙ. λέγων·

Ἱερεύς: **Εἷς τῶν στρατιωτῶν λόγχῃ τὴν πλευρὰν αὐτοῦ ἔνυξε· καὶ εὐθέως ἐξῆλθεν Αἷμα καὶ Ὕδωρ· καὶ ὁ ἑωρακὼς μεμαρτύρηκε, καὶ ἀληθινή ἐστιν ἡ μαρτυρία αὐτοῦ.**

Ἐνταῦθα ὁ Διάκονος (Ἱερεύς) λαβὼν τὸ δοχεῖον τοῦ νάματος καὶ τοῦ ὕδατος ἐγχέει ὁμοῦ εἰς τὸ ἅγιον Ποτήριον ὅσον πρέπει. Εἶτα λέγει·

Διάκονος: **Εὐλόγησον Δέσποτα, τὴν ἁγίαν Ἕνωσιν.**

Καὶ ὁ Ἱερεὺς εὐλογῶν ἐπάνω τοῦ ἁγίου Ποτηρίου λέγει·

Ἱερεύς: **Εὐλογημένη ἡ Ἕνωσις τῶν ἁγίων σου.**

neither an angel nor a man, but the Lord Himself Who saved us. Glory to You.

He then immediately turns over the Lamb (that is, with the seal facing up). The deacon says:

Deacon: **Father, pierce.**

The Priest pierces the Lamb with the lance on the right side at the letters NI saying:

Priest: **One of the soldiers pierced His side with a lance and immediately there came out blood and water. And he who saw it has borne witness and his witness is true.**

Then the deacon (priest) takes the cruets of wine and water and pours as much as is needed into the holy Cup. He then says:

Deacon: **Father, bless the holy union.**

The priest, giving the blessing over the holy Cup, says:

Priest: **Blessed is the union of Your holy gifts.**

Διάκονος: **Πάντοτε, νῦν καὶ ἀεὶ καὶ εἰς τοὺς αἰῶνας τῶν αἰώνων. Ἀμήν.**

Ὁ δὲ Ἱερεὺς λαβὼν ἑτέραν Προσφοράν, λέγει·

Ἱερεύς: **Εἰς τιμὴν καὶ μνήμην τῆς ὑπερευλογημένης, ἐνδόξου Δεσποίνης ἡμῶν, Θεοτόκου, καὶ ἀειπαρθένου Μαρίας, ἧς ταῖς πρεσβείαις πρόσδεξαι, Κύριε, τὴν Θυσίαν ταύτην εἰς τὸ ὑπερουράνιόν σου Θυσιαστήριον.**

Καὶ αἴρων τὴν μερίδα τῆς Θεοτόκου διὰ τῆς Λόγχης τίθησιν αὐτὴν ἐν τῷ δεξιῷ μέρει τοῦ Ἁγίου Ἄρτου, λέγων·

Ἱερεύς: **Παρέστη ἡ Βασίλισσα ἐκ δεξιῶν σου, ἐν ἱματισμῷ διαχρύσῳ, περιβεβλημένη, πεποικιλμένη.**

Εἶτα αἴρει ἐκ τῆς ἰδίας ἢ ἄλλης Προσφορᾶς, μερίδας τῶν Ἐννέα Ταγμάτων, ἃς θέτει ἐν τῷ ἀριστερῷ μέρει τοῦ ἁγίου Ἄρτου, σχήματος τοιούτου καὶ κατ' ἀριθμητικὴν τάξιν οὕτω·

Deacon: **Always, now and forever and to the ages of ages. Amen.**

The priest takes another prosphoron (if there is one) and says:

Priest: **In honor and remembrance of our most blessed, glorious Lady, the Theotokos and ever virgin Mary, through whose intercessions accept, O Lord, this sacrifice upon your heavenly altar.**

Taking out the portion of the Theotokos with the lance, he places it on the right side of the holy Bread, saying:

Priest: **The Queen stood at your right hand, clothed in a garment wrought with gold and arrayed in diverse colors.**

Then from the same or another Prosphoron, he takes out the portions of the Nine Orders which he places at the left side of the holy Lamb in the order designated below.

1 △ 4 △ 7 △

2 △ 5 △ 8 △

3 △ 6 △ 9 △

Ἱερεύς: **Εἰς τιμὴν καὶ μνήμην τῶν παμμεγίστων Ταξιαρχῶν Μιχαὴλ καὶ Γαβριήλ, καὶ πασῶν τῶν ἐπουρανίων Δυνάμεων Ἀσωμάτων.**

Εἶτα αἴρων δευτέραν μερίδα, λέγει·

Ἱερεύς: **Τοῦ τιμίου ἐνδόξου Προφήτου Προδρόμου καὶ Βαπτιστοῦ Ἰωάννου· τῶν ἁγίων ἐνδόξων Προφητῶν, Μωϋσέως καὶ Ἀαρών, Ἠλιοῦ, Ἐλισσαίου, Δαβὶδ καὶ Ἰεσσαί· τῶν ἁγίων τριῶν Παίδων, καὶ Δανιὴλ τοῦ Προφήτου, καὶ πάντων τῶν ἁγίων Προφητῶν.**

Ἐν τῇ τρίτῃ λέγει·

Ἱερεύς: **Τῶν ἁγίων ἐνδόξων καὶ πανευφήμων Ἀποστόλων Πέτρου καὶ Παύλου, τῶν δώδεκα καὶ ἑβδομήκοντα καὶ πάντων τῶν ἁγίων Ἀποστόλων.**

Ἐν τῇ τετάρτῃ λέγει·

Ἱερεύς: **Τῶν ἐν ἁγίοις Πατέρων ἡμῶν, μεγάλων Ἱεραρχῶν καὶ Οἰκουμενικῶν Μεγάλων Διδασκάλων καὶ Ἱεραρχῶν, Βασιλείου τοῦ Μεγάλου, Γρηγορίου τοῦ Θεολόγου, καὶ Ἰωάννου τοῦ Χρυσοστό-**

Priest: **In honor and remembrance of the Archangels Michael and Gabriel and of all the heavenly bodiless powers.**

Then taking a second portion, he says:

Priest: **Of the honorable, glorious prophet and forerunner John the Baptist; of the holy glorious prophets Moses and Aaron, Elias, Elisha, David and Jesse; of the three holy Children; of Daniel the prophet; and of all the holy prophets.**

With the third, he says:

Priest: **Of the holy, glorious and praiseworthy apostles Peter and Paul; of the twelve and seventy, and of all the holy apostles.**

With the fourth, he says:

Priest: **Of our holy fathers among the saints, the universal, great teachers and hierarchs: Basil the Great, Gregory the Theologian, and John Chrysostom;**

μου, Ἀθανασίου καὶ Κυρίλλου, Νικολά-
ου τοῦ ἐν Μύροις, καὶ πάντων τῶν ἁγί-
ων Ἱεραρχῶν.

Ἐν τῇ πέμπτῃ λέγει·

**Ἱερεύς: Τοῦ ἁγίου Πρωτομάρτυρος καὶ
Ἀρχιδιακόνου Στεφάνου, τῶν ἁγίων
ἐνδόξων μεγάλων Μαρτύρων, Γεωργί-
ου τοῦ Τροπαιοφόρου, Δημητρίου τοῦ
Μυροβλήτου, Θεοδώρων Τήρωνος καὶ
Στρατηλάτου, καὶ πάντων καὶ πασῶν
τῶν Ἁγίων Μαρτύρων.**

Ἐν τῇ ἕκτῃ λέγει·

**Ἱερεύς: Τῶν ὁσίων καὶ Θεοφόρων Πα-
τέρων ἡμῶν, Ἀντωνίου τοῦ Μεγάλου,
Εὐθυμίου, Παϊσίου, Σάββα, Ὀνουφρίου,
Ἀθανασίου τοῦ ἐν τῷ Ἄθῳ, καὶ πάν-
των τῶν ἀπ' αἰῶνος ἐν ἀσκήσει λαμ-
ψάντων.**

Ἐν τῇ ἑβδόμῃ λέγει·

**Ἱερεύς: Τῶν ἁγίων ἐνδόξων καὶ θαυμα-
τουργῶν Ἀναργύρων, Κοσμᾶ καὶ Δα-
μιανοῦ, Κύρου καὶ Ἰωάννου, Παντελε-
ήμονος καὶ Ἑρμολάου, καὶ πάντων τῶν**

Athanasios and Cyril; Nicholas of Myra, and of all the holy hierarchs.

With the fifth, he says:

Priest: **Of the holy protomartyr and archdeacon Stephen, of the holy, glorious great martyrs, George the Victorious, Demetrios the Myrobletes, Theodore of Tyron, Theodore the Stratelates, and of all the holy martyrs.**

With the sixth, he says:

Priest: **Of our venerable, God-bearing fathers, Anthony the Great, Euthymios, Paisios, Savvas, Onuphrios, Athanasios of Athos, Dionysios of Olympos, and of all those who have throughout the ages excelled in asceticism.**

With the seventh, he says:

Priest: **Of the holy, glorious, and wonder-working unmercenaries: Kosmas and Damianos, Kyros and John, Panteleimon and Ermolaos, and of all the**

Ἁγίων Ἀναργύρων.

Ἐν τῇ ὀγδόῃ λέγει·

Ἱερεύς: **Τῶν ἁγίων καὶ δικαίων Θεοπατόρων Ἰωακεὶμ καὶ Ἄννης, Ἰωσὴφ τοῦ Μνήστηρος, καὶ Συμεὼν τοῦ Θεοδόχου** (*τοῦ ἁγίου τῆς ἡμέρας*)**, οὗ καὶ τὴν μνήμην ἐπιτελοῦμεν, καὶ πάντων σου τῶν ἁγίων, ὧν ταῖς ἱκεσίαις ἐπίσκεψαι ἡμᾶς ὁ Θεός.**

Ἐν τῇ ἐννάτῃ λέγει·

Ἱερεύς: **Τοῦ ἐν ἁγίοις Πατρὸς ἡμῶν Ἰωάννου Ἀρχιεπισκόπου Κωνσταντινουπόλεως τοῦ Χρυσοστόμου** (*ἢ Βασιλείου τοῦ Μεγάλου, Ἀρχιεπισκόπου Καισαρείας τῆς Καππαδοκίας*)**.**

Εἶτα λαβὼν τὸ μαχαιρίδιον κόπτει δύο τμήματα ἐκ τῆς ἰδίας Προσφορᾶς. Καὶ ἀπὸ μὲν τοῦ ἑνὸς αἴρει μερίδας τῶν ζώντων ἀπὸ δὲ τοῦ ἑτέρου μερίδας τῶν κεκοιμημένων. Καὶ κρατῶν τὸ πρῶτον τμῆμα μὲ τὴν ἀριστεράν του χεῖρα τοῖς τρισὶ δακτύλοις, καὶ μὲ τὴν δεξιάν του τὴν ἁγίαν Λόγχην αἴρει μερίδας λέγων·

holy unmercenaries.

With the eighth, he says:

Priest: **Of the holy and righteous ancestors, Joachim and Anne, of Joseph the Betrothed and Symeon the Theodochos, of** (*the saint of the church and the saint of the day*) **whose memory we commemorate, and of all Your saints.**

With the ninth, he says:

Priest: **Of our father among the saints John Chrysostom, archbishop of Constantinople** (*or Basil the Great, archbishop of Kaisareia in Kappadokia*).

Then, taking the lance, he cuts two portions from the same prosphoron. From one he takes out particles to commemorate the living and, from the other, particles to commemorate the dead. Then holding the first portion in his left hand and the lance in his right, he lifts our particles saying:

Ἱερεύς: **Μνήσθητι Δέσποτα Φιλάνθρω-**
πε πάσης Ἐπισκοπῆς Ὀρθοδόξων καὶ
τοῦ Ἀρχιεπισκόπου (Ὄνομα**) καὶ τοῦ**
ἐπισκόπου ἡμῶν (Ὄνομα**), τοῦ τιμίου**
πρεσβυτερίου, τῆς ἐν Χριστῷ διακονίας
καὶ παντὸς ἱερατικοῦ τάγματος, τῶν
ἀδελφῶν καὶ συλλειτουργῶν ἡμῶν,
Πρεσβυτέρων, Διακόνων, καὶ πάντων
τῶν ἀδελφῶν ἡμῶν, οὓς προσεκαλέσω
εἰς τὴν σὴν κοινωνίαν, διὰ τῆς σῆς εὐ-
σπλαγχνίας, Πανάγαθε Δέσποτα.

Καὶ αἴρων μερίδα τίθησιν ὑποκάτω τοῦ ἁγίου Ἄρ-
του· εἶτα μνημονεύει τοῦ χειροτονήσαντος αὐτὸν
Ἀρχιερέως, εἴ περ ἔστιν ἐν τοῖς ζῶσι, καὶ ἑτέρων
ὧν ἔχει ζώντων. Εἶτα λαμβάνει τὸ ἕτερον τμῆμα
καὶ λέγει·

Ἱερεύς: **Ἔτι δεόμεθα ὑπὲρ μακαρίας**
μνήμης καὶ ἀφέσεως τῶν ἁμαρτιῶν
τῶν μακαρίων κτιτόρων τῆς ἁγίας Ἐκ-
κλησίας ταύτης.

Καὶ καταβιβάζων μερίδας ἑτέρας, μνημονεύει

Priest: **Remember, loving Master, every Orthodox episcopate, our Archbishop** (*Name*)**, our Bishop** (*Name*)**, the honorable presbyters, the deacons in the service of Christ, and all clergy — our brethern and co-celebrants — presbyters, deacons; and all our brethern whom You, all good Master, have called to Your service through Your compassion.**

He then lifts out the portion and places it below the holy Lamb commemorating the hierarch who ordained him, if he is alive, and others who are among the living. He then takes up the other portion and says:

Priest: **In blessed memory and for the forgiveness of the sins of the blessed founders of this holy church.**

And taking other portions, he commemorates

οὕτως κεκοιμημένων εὐσεβῶν Ὀρθοδόξων·

Ἱερεύς: **Μνήσθητι Κύριε, Εὐσεβῶν Βασιλέων, Ὀρθοδόξων Πατριαρχῶν, Ἀρχιερέων, Ἱερέων, Ἱερομονάχων, Ἱεροδιακόνων, Μοναχῶν, Μοναζουσῶν καὶ πάντων τῶν ἐπ' ἐλπίδι Ἀναστάσεως ζωῆς αἰωνίου τῶν τῇ Σῇ κοινωνίᾳ κεκοιμημένων Ὀρθοδόξων πατέρων καὶ ἀδελφῶν ἡμῶν, Φιλάνθρωπε Κύριε.**

Εἶτα καταβιβάζων ἑτέρας μερίδας μνημονεύει καὶ ἑτέρων, ὧν ἔχει κεκοιμημένων κατ' ὄνομα καὶ τοῦ χειροτονήσαντος αὐτὸν Ἀρχιερέως, εἰ οὐκ ἔστιν ἐν τοῖς ζῶσι. Ὡσαύτως δὲ καὶ ὁ Διάκονος μνημονεύει ὧν θέλει ζώντων καὶ τεθνεώτων, τοῦ Ἱερέως αἴροντος καὶ ὑπὲρ αὐτῶν μερίδας καὶ συστέλλει καλῶς τὰς μερίδας τῶν ψυχῶν μὲ τὴν Λόγχην ὑποκάτω τοῦ ἁγίου Ἄρτου καὶ ἀφήνει τὴν Λόγχην εἰς τὴν θέσιν της. Καὶ τελευταῖον λέγει·

Ἱερεύς: **Μνήσθητι Κύριε, καὶ τῆς ἐμῆς ἀναξιότητος καὶ συγχώρησόν μοι πᾶν πλημμέλημα ἑκούσιόν τε καὶ ἀκούσιον.**

Εἶτα ἀφήνει καὶ αὐτὴν τὴν μερίδα, ἐνῷ ὁ Διάκονος ἑτοιμάσας τὸ θυμιατήριον προσφέρει αὐτὸ καὶ λέγει τῷ Ἱερεῖ·

faithful Orthodox who have fallen asleep:

Priest: **Remember Lord, faithful sovereigns, Orthodox patriarchs, hierarchs, priests, hieromonks, hierodeacons, monks, nuns, and all those who have fallen asleep in the hope of the resurrection to eternal life, and of communion with You, loving Lord, and of all our fathers, brothers, and sisters.**

Then he takes other portions, and commemorates by name those who have fallen asleep, and the hierarch who ordained him if he is no longer living. Similarly the deacon commemorates those living and dead whom he wishes while the priest raises portions for them. He then places these portions with the lance below the holy Lamb. He then says:

Priest: **Lord, remember my unworthiness and forgive all my transgressions, intentional and unitentional.**

He then places this portion on the diskarion and puts down the lance. Having prepared the censer, the deacon offers it to the priest saying:

Διάκονος: **Εὐλόγησον Δέσποτα, τὸ Θυμίαμα. Τοῦ Κυρίου δεηθῶμεν.**

Καὶ εὐλογῶν ὁ Ἱερεὺς λέγει τὴν εὐχὴν τοῦ θυμιάματος·

Ἱερεύς: **Θυμίαμά σοι προσφέρομεν, Χριστὲ ὁ Θεὸς ἡμῶν, εἰς ὀσμὴν εὐωδίας πνευματικῆς· ὃ προσδεξάμενος εἰς τὸ**

Ἡ ἁγία Πρόθεσις

Deacon: **Father, bless the incense. Let us pray to the Lord. Lord, have mercy.**

Blessing the incense, the priest says:

Priest: **We offer you incense, Christ our God, as an offering of spiritual fragrance. Accept it before Your heavenly altar and**

The holy Prothesis

ὑπερουράνιόν σου Θυσιαστήριον, ἀντικατάπεμψον ἡμῖν τὴν χάριν τοῦ παναγίου σου Πνεύματος.

Καὶ ὁ μὲν Ἱερεὺς λαβὼν τὸν Ἀστερίσκον πλησιάζει τὸ θυμιατόν, ὁ δὲ Διάκονος κρατῶν τὸ θυμιατὸν καὶ θυμιάζων λέγει·

Διάκονος: **Τοῦ Κυρίου δεηθῶμεν. Στερέωσον Δέσποτα.**

Καὶ ὁ Ἱερεὺς τότε ἀσπάζεται τὸν Ἀστερίσκον καὶ τίθησιν αὐτὸν ἐπάνω τοῦ ἁγίου Ἄρτου λέγων·

Ἱερεύς: **Καὶ ἐλθὼν ὁ Ἀστὴρ ἔστη ἐπάνω, οὗ ἦν τὸ Παιδίον μετὰ Μαρίας τῆς μητρὸς αὐτοῦ.**

Εἴτα ὁ Ἱερεὺς λαβὼν τὸ πρῶτον Κάλυμμα, θυμιάζοντος τοῦ Διακόνου καὶ λέγοντος·

Διάκονος: **Τοῦ Κυρίου δεηθῶμεν. Εὐπρέπισον Δέσποτα.**

Σκεπάζει τὸ ἅγιον Δισκάριον λέγων·

Ἱερεύς: **Ὁ Κύριος ἐβασίλευσεν εὐπρέπειαν ἐνεδύσατο· ἐνεδύσατο ὁ Κύριος δύναμιν καὶ περιεζώσατο· καὶ γὰρ ἐστερέωσε τὴν οἰκουμένην, ἥτις οὐ σαλευθήσεται.**

send down upon us, in return the grace of Your all holy Spirit.

The Priest takes the asteriskos and moves it toward the censer, while the deacon censes and says:

Deacon: **Let us pray to the Lord. Father, make firm.**

The priest then kisses the asteriskos and places it over the Lamb saying:

Priest: **And a star came and stood over where the child was with Mary His mother.**

Then the priest takes the first veil which the deacon censes and says:

Deacon: **Let us pray to the Lord. Father, beautify.**

He covers the holy diskarion saying:

Priest: **The Lord reigns and is robed in majesty. The Lord is robed and He is girded with strength, for He has established the world that cannot be moved.**

Εἶτα ὁ Ἱερεὺς λαμβάνει τὸ δεύτερον Κάλυμμα, ὁ δὲ Διάκονος ποιεῖ ὡς ἄνω ἐλέχθη καὶ λέγει τῷ Ἱερεῖ·

Διάκονος: **Τοῦ Κυρίου δεηθῶμεν. Κάλυψον Δέσποτα.**

Καὶ ὁ Ἱερεὺς καλύπτει τὸ ἅγιον Ποτήριον λέγων·

Ἱερεύς: **Ἐκάλυψεν οὐρανοὺς ἡ ἀρετή σου, Χριστέ, καὶ τῆς αἰνέσεώς σου πλήρης ἡ γῆ.**

Διάκονος: **Τοῦ Κυρίου δεηθῶμεν. Σκέπασον Δέσποτα.**

Ὁ Ἱερεὺς λαβὼν τὸν Ἀέρα σκεπάζει τό τε ἅγιον Δισκάριον καὶ τὸ ἅγιον Ποτήριον λέγων·

Ἱερεύς: **Σκέπασον ἡμᾶς ἐν τῇ σκέπῃ τῶν πτερύγων σου· ἀποδίωξον ἀφ' ἡμῶν πάντα ἐχθρὸν καὶ πολέμιον· εἰρήνευσον ἡμῶν τὴν ζωήν. Κύριε, ἐλέησον ἡμᾶς καὶ τὸν κόσμον σου, καὶ σῶσον τὰς ψυχὰς ἡμῶν, ὡς ἀγαθὸς καὶ φιλάνθρωπος.**

Εἶτα λαβὼν ὁ Ἱερεὺς τὸ θυμιατήριον θυμιᾷ τὴν Πρόθεσιν ἐκ τρίτου λέγων·

Ἱερεύς: **Εὐλογητὸς Χριστὸς ὁ Θεὸς**

Then the priest takes the second veil and the Deacon does as above and says:

Deacon: **Let us pray to the Lord. Father, cover.**

The priest covers the holy Cup saying:

Priest: **Your virtue has covered the heavens, O Christ, and the earth full of your praise.**

Deacon: **Let us pray to the Lord. Father, shelter.**

The Priest takes the Aer and covers both the holy diskarion and the holy Cup saying:

Priest: **Shelter us under the protection of Your wings, drive away from us every enemy and adversary, and make our life peaceful. Lord, have mercy on us and on Your world and save our souls as a good and loving God.**

Then the Priest takes the censer and censes the Prothesis thrice saying:

Priest: **Blessed is Christ our God Who**

ἡμῶν ὁ οὕτως εὐδόκησας δόξα σοι.

Ὁ δὲ Διάκονος ἐν ἑκάστῃ λέγει·

Διάκονος: **Πάντοτε, νῦν καὶ ἀεὶ καὶ εἰς τοὺς αἰῶνας τῶν αἰώνων. Ἀμήν.**

Εἶτα λαμβάνει ὁ Διάκονος τὸ θυμιατὸν ἐκ τῆς χειρὸς τοῦ Ἱερέως καὶ ἀσπάσθεὶς αὐτὴν λέγει τῷ Ἱερεῖ.

Διάκονος: **Τοῦ Κυρίου δεηθῶμεν. Κύριε, ἐλέησον.**

Ὁ Ἱερεὺς ἀναγινώσκει τὴν εὐχὴν τῆς Προθέσεως οὕτως ἔχουσαν·

ΕΥΧΗ ΤΗΣ ΠΡΟΘΕΣΕΩΣ

Ὁ Θεός, ὁ Θεὸς ἡμῶν, ὁ τὸν οὐράνιον Ἄρτον, τὴν τροφὴν τοῦ παντὸς κόσμου, τὸν Κύριον ἡμῶν καὶ Θεὸν Ἰησοῦν Χριστὸν ἐξαποστείλας Σωτῆρα καὶ Λυτρωτήν, καὶ Εὐεργέτην, εὐλογοῦντα καὶ ἁγιάζοντα ἡμᾶς· αὐτὸς εὐλόγησον τὴν Πρόθεσιν ταύτην καὶ πρόσδεξαι αὐτὴν εἰς τὸ ἐπουράνιόν σου Θυσιαστήριον· μνημόνευσον ὡς ἀγαθὸς καὶ φιλάνθρωπος, τῶν προσενεγκάντων, καὶ δι' οὓς προσήγαγον·

was thus well pleased. Glory to You.

Then the Deacon says:

Priest (Deacon): **Always, now and forever and to the ages of ages. Amen.**

The Deacon then receives the censer from the priest, kisses his hand, and says:

Deacon: **Let us pray to the Lord. Lord, have mercy.**

Then the priest reads the prayer of the Proskomide.

PRAYER OF THE PROTHESIS

Priest: **O God, our God, You sent the heavenly Bread, the food for the whole world, our Lord and God Jesus Christ, as Savior, Redeemer, and Benefactor, to bless us and sanctify us. Do bless this offering and accept it upon Your heavenly altar. As a good and loving God remember those who brought it and those for whom it was brought. Keep us blameless in the celebration of Your divine Mysteries. For sanctified and**

καὶ ἡμᾶς ἀκατακρίτους διαφύλαξον ἐν τῇ Ἱερουργίᾳ τῶν θείων σου Μυστηρίων. Ὅτι ἡγίασται καὶ δεδόξασται τὸ πάντιμον καὶ μεγαλοπρεπὲς ὄνομά σου, τοῦ Πατρός, καὶ τοῦ Υἱοῦ, καὶ τοῦ Ἁγίου Πνεύματος, νῦν, καὶ ἀεί, καὶ εἰς τοὺς αἰῶνας τῶν αἰώνων. Ἀμήν.

Εἶτα μετὰ τὴν εὐχὴν ποιεῖ ἀπόλυσιν μικρὰν λέγων·

Ἱερεύς: **Δόξα σοι, Χριστὲ ὁ Θεός, ἡ ἐλπὶς ἡμῶν, δόξα σοι.**

Διάκονος: **Δόξα Πατρὶ καὶ Υἱῷ καὶ Ἁγίῳ Πνεύματι· καὶ νῦν καὶ ἀεὶ καὶ εἰς τοὺς αἰῶνας τῶν αἰώνων. Ἀμήν. Κύριε ἐλέησον (3). Πάτερ ἅγιε εὐλόγησον.**

Ὁ Ἱερεὺς ποιεῖ ἀπόλυσιν τῆς Προσκομιδῆς οὕτως·

Ἱερεύς: **(Ὁ ἀναστὰς ἐκ νεκρῶν) Χριστὸς ὁ ἀληθινὸς Θεὸς ἡμῶν, ταῖς πρεσβείαις τῆς παναχράντου καὶ παναμώμου ἁγίας αὐτοῦ μητρός· δυνάμει τοῦ τιμίου καὶ ζωοποιοῦ Σταυροῦ· προστασίαις τῶν τιμίων ἐπουρανίων Δυνάμεων ἀσωμάτων· ἱκεσίαις τοῦ τιμίου, ἐνδόξου, προφήτου, προδρόμου καὶ**

glorified is Your most honorable and majestic name, of the Father and the Son and the Holy Spirit, now and forever and to the ages of ages. Amen.

Then after the prayer, he offers the small dismissal.

Priest: **Glory to You, Christ our God and our hope, glory to You.**

Deacon: **Glory to the Father and the Son and the Holy Spirit, now and forever and to the ages of ages. Amen. Lord, have mercy (3). Holy Father, give the blessing.**

The Priest makes the dismissal of the Proskomide thus:

Priest: **May Christ our true God (who rose from the dead) have mercy on us and save us as a good, loving, and merciful God, through the intercessions of His most pure and holy mother; the power of the precious and life-giving Cross; the protection of the honorable, bodiless**

καὶ βαπτιστοῦ Ἰωάννου· τῶν ἁγίων, ἐνδόξων καὶ πανευφήμων Ἀποστόλων· τῶν ἁγίων, ἐνδόξων καὶ καλλινίκων Μαρτύρων· τῶν ὁσίων καὶ θεοφόρων Πατέρων ἡμῶν (τοῦ Ναοῦ)· τῶν ἁγίων καὶ δικαίων θεοπατόρων Ἰωακεὶμ καὶ Ἄννης, τοῦ Ἁγίου (τῆς ἡμέρας) οὗ καὶ τὴν μνήμην ἐπιτελοῦμεν, τοῦ ἐν ἁγίοις πατρὸς ἡμῶν Ἰωάννου Ἀρχιεπισκόπου Κωνσταντινουπόλεως τοῦ Χρυσοστόμου (ἢ τοῦ ἐν ἁγίοις πατρὸς ἡμῶν Βασιλείου Ἀρχιεπισκόπου Καισαρείας Καππαδοκίας τοῦ Μεγάλου), καὶ πάντων τῶν ἁγίων, ἐλεῆσαι καὶ σῶσαι ἡμᾶς ὡς ἀγαθὸς καὶ φιλάνθρωπος καὶ ἐλεήμων Θεός.

Δι᾽ εὐχῶν τῶν ἁγίων Πατέρων ἡμῶν, Κύριε Ἰησοῦ Χριστέ, ὁ Θεὸς ἡμῶν, ἐλέησον καὶ σῶσον ἡμᾶς.

Τελειωθείσης τῆς ἀπολύσεως, προσκυνοῦσιν ἀμφότεροι. Καὶ ὁ μὲν Ἱερεὺς ἀσπάζεται τὰ Ἅγια σταυροειδῶς λέγων·

Ἱερεύς: **Ἅγιος ὁ Θεός, ὁ Πατὴρ ὁ Ἄναρχος. Ἅγιος Ἰσχυρός, ὁ Υἱὸς ὁ Συνάναρχος. Ἅγιος Ἀθάνατος, τὸ Πανάγιον Πνεῦμα. Τριὰς Ἁγία δόξα σοι.**

powers of heaven; the supplications of the honorable, glorious, prophet and forerunner John the Baptist; of the holy, glorious, and triumphant martyrs; our holy and God-bearing Fathers (*the patron saint of the church*); the holy and righteous ancestors Joachim and Anne; of Saint (*of the day*), whose memory we commemorate today; of our father among the saints John Chrysostom, archbishop of Constantinople (*or of our father among the saints, Basil the Great, archbishop of Kaisareia in Kappadokia*), and of all Your saints.

Priest: **Through the prayers of our holy Fathers, Lord Jesus Christ our God, have mercy upon us and save us.**

After the completion of the apolysis, they both make the sign of the cross. The priest kisses the holy Gifts crosswise saying:

Priest: **Holy God, Eternal Father; Holy Mighty, Co-eternal Son; Holy Immortal, the All-holy Spirit. Glory to You Holy Trinity.**

Διάκονος: **Ἀμήν.**

Ὁ δὲ Διάκονος θυμιᾷ τὴν ἱερὰν Πρόθεσιν τρίς, ὡσαύτως καὶ τὴν ἁγίαν Τράπεζαν κύκλῳ σταυρο-ειδῶς, λέγων·

Διάκονος: **Ἐν τάφῳ σωματικῶς, ἐν ᾅδου δὲ μετὰ ψυχῆς ὡς Θεός, ἐν Παραδείσῳ δὲ μετὰ Λῃστοῦ, καὶ ἐν Θρόνῳ ὑπῆρχες, Χριστέ, μετὰ Πατρὸς καὶ Πνεύματος, πάντα πληρῶν ὁ ἀπερίγραπτος.**

* * * *

Διάκονος: **Καιρὸς τοῦ ποιῆσαι τῷ Κυρίῳ, εὐλόγησον Δέσποτα.**

Ὁ Ἱερεὺς σφραγίζων τὴν κεφαλὴν τοῦ Διακόνου λέγει·

Ἱερεύς (Διάκονος): **Εὐλογητὸς ὁ Θεὸς ἡμῶν, πάντοτε, νῦν καὶ ἀεὶ καὶ εἰς τοὺς αἰῶνας τῶν αἰώνων. Ἀμήν.**

Διάκονος: **Εὖξαι ὑπὲρ ἐμοῦ, Δέσποτα, ἅγιε.**

Deacon: **Amen.**

*The deacon censes the holy Prothesis thrice,
likewise the holy Table cross-wise in a circle
saying:*

Deacon: **Being God, You were present
in the grave bodily; but in Hades with the
soul; in Paradise with the thief; and on
the throne with the Father and the Spirit,
fulfilling all things, yet enscribed by
none.**

* * * *

Deacon: **It is time to serve the Lord.
Father, give the blessing.**

*The priest makes the sign of the cross over the
deacon's head saying:*

Priest: **Blessed is our God always, now
and forever and to the ages of ages.
Amen.**

Deacon: **Pray for me, holy Father.**

Ἱερεύς: **Κατευθύναι Κύριος τὰ διαβήματά σου εἰς πᾶν ἔργον ἀγαθόν.**

Διάκονος: **Μνήσθητί μου, Δέσποτα Ἅγιε.**

Ἱερεύς: **Μνησθείη Κύριος ὁ Θεὸς τῆς Ἱεροδιακονίας σου, ἐν τῇ βασιλείᾳ αὐτοῦ πάντοτε, νῦν καὶ ἀεὶ καὶ εἰς τοὺς αἰῶνας τῶν αἰώνων.**

Διάκονος: **Ἀμὴν** (3).

Ὁ Διάκονος προσκυνεῖ καὶ ἀσπάζεται τὴν ἁγίαν Τράπεζαν, τὴν δεξιὰν τοῦ Ἱερέως, καὶ εἶτα ἐξέρχεται ἐκ τῶν ἁγίων θυρῶν.

Ὁ δὲ Ἱερεὺς προσκυνεῖ, καὶ ἀσπάζεται τὸ ἱερὸν Εὐαγγέλιον καὶ τὴν ἁγίαν Τράπεζαν. Εἰς τὸ σημεῖον τοῦτο περατοῦται ἡ ἀκολουθία τῆς Προσκομιδῆς καὶ ἄρχεται ἡ Θεία Λειτουργία, τοῦ Διακόνου ἐκφωνοῦντος·

Διάκονος: **Εὐλόγησον Δέσποτα.**

Ἱερεύς: **Εὐλογημένη ἡ βασιλεία τοῦ Πατρὸς καὶ τοῦ Υἱοῦ καὶ τοῦ Ἁγίου Πνεύματος, νῦν καὶ ἀεὶ καὶ εἰς τοὺς αἰῶνας τῶν αἰώνων.**

Priest: **May the Lord guide your steps in every good thing.**

Deacon: **Remember me, holy Father.**

Priest: **May the Lord God remember your diaconate in His kingdom always, now and forever and to the ages of ages.**

Deacon: **Amen** (*3*).

The deacon reverences and kisses the holy Table, and the right hand of the priest, and then exits by the holy doors.

The priest reverences and kisses the holy Gospel Book, and the holy Table. At this point the service of the Proskomide ends and the Divine Liturgy begins with the deacon intoning:

Deacon: **Father, give the blessing.**

Priest: **Blessed is the kingdom of the Father and the Son and the Holy Spirit, now and forever and to the ages of ages.**

The Divine Liturgy then follows.

ΣΥΝΑΞΑΡΙΟΝ ΤΟΥ ΟΛΟΥ ΕΝΙΑΥΤΟΥ

ΣΕΠΤΕΜΒΡΙΟΣ

1. Συμεὼν τοῦ Στυλίτου. Ἀγγελῆ νεομάρτυρος.

2. Μάμαντος μάρτυρος, Ἰωάννου τοῦ Νηστευτοῦ.

3. Ἀνθίμου ἱερομάρτυρος. Πολυδώρου νεομάρτυρος.

4. Βαβύλα ἱερομάρτυρος. Μωυσέως τοῦ προφήτου.

5. Ζαχαρίου τοῦ προφήτου καὶ Ἐλισάβετ.

6. Εὐδοξίου, Ἀνδρονίκου καὶ Καλοδότης τῶν μαρτύρων.

7. Σώζοντος μάρτυρος. Κασσιανῆς ὁσίας.

8. Τὸ Γενέθλιον τῆς ὑπεραγίας Δεσποίνης ἡμῶν Θεοτόκου.

9. Σύναξις τῶν ἁγίων καὶ δικαίων θεοπατόρων Ἰωακεὶμ καὶ Ἄννης.

10. Μηνοδώρας, Μητροδώρας καὶ Νυμφοδώρας τῶν μαρτύρων.

11. Θεοδώρας καὶ Εὐφροσύνου τοῦ μαγείρου τῶν ὁσίων.

12. Αὐτονόμου καὶ Κουρνούτου τῶν ἱερομαρτύρων.

13. Κορνηλίου ἱερομάρτυρος. Ἀριστείδου μάρτυρος.

14. Ἡ Ὕψωσις τοῦ τιμίου καὶ ζωοποιοῦ Σταυροῦ.

15. Νικήτα μεγαλομάρτυρος. Πορφυρίου μάρτυρος.

16. Εὐφημίας μεγαλομάρτυρος, Μαρτίνου ἐπισκόπου.

17. Σοφίας, Πίστεως, Ἀγάπης καὶ Ἐλπίδος τῶν μαρτύρων.

18. Εὐμενίου τοῦ θαυματουργοῦ. Ἀριάδνης μάρτυρος.

19. Τροφίμου, Δορυμέδοντος, Σαβατίου καὶ Σωσάννης τῶν μαρτύρων.

30

SYNAXARION OF THE ENTIRE YEAR

1. Symeon the Stylite. Angeles the neomartyr.

2. Mamas the martyr. John the Faster.

3. Hieromartyr Anthimos. Polydoros the neomartyr.

4. Hieromartyr Babylas. Moses the prophet.

5. Zacharias the prophet and Elizabeth.

6. Eudoxios, Andronikos, and Kalodote the martyrs.

7. Sozon the martyr. Venerable Kassiane.

8. The Nativity of our most holy Lady the Theotokos.

9. The synaxis of the holy and righteous Forefathers Joachim and Anna.

10. Menodora, Metrodora, and Nymphodora the martyrs.

11. Venerable Theodora and Euphrosynos the cook.

12. Hieromartyrs Autonomos and Kournoutos.

13. Hieromartyr Cornelius. Aristeides the martyr.

14. The Exaltation of the Precious and Life-giving Cross.

15. Niketas the great martyr. Porphyrios the martyr.

16. Euphemia the great martyr. Bishop Martinos.

17. Sophia, Pistis, Elpis, and Agape the martyrs.

18. Eumenios the wonderworker. Ariadne the martyr.

19. Trophimos, Sabbatios, Dorymendon, and Sosanna the martyrs.

20. Εὐσταθίου μεγαλομάρτυρος. Ἰωάννου ὁσίου.
21. Κοδράτου ἰσαποστόλου. Ἰωνᾶ προφήτου.
22. Φωκᾶ ἱερόμαρτυρος. Ἰσαὰκ καὶ Μαρτίνου τῶν μαρτύρων.
23. Ἡ Σύλληψις τοῦ τιμίου Προδρόμου.
24. Θέκλης μεγαλομάρτυρος. Ἄχμετ νεομάρτυρος.
25. Εὐφροσύνης ὁσίας, Παφνουτίου ὁσιομάρτυρος.
26. Ἰωάννου τοῦ θεολόγου καὶ εὐαγγελιστοῦ.
27. Καλλιστράτου μάρτυρος. Ἀκυλίνης νεομάρτυρος.
28. Χαρίτωνος ὁμολογητοῦ. Βαροὺχ προφήτου.
29. Κυριακοῦ ὁσίου. Πετρωνίας μάρτυρος.
30. Γρηγορίου ἱερομάρτυρος ἐπισκόπου Ἀρμενίας.

ΟΚΤΩΒΡΙΟΣ

1. Ρωμανοῦ τοῦ Μελῳδοῦ καὶ Ἰωάννου Κουκουζέλους τῶν ὁσίων.
2. Κυπριανοῦ ἱερομάρτυρος καὶ ὁμολογητοῦ.
3. Διονυσίου ἱερομάρτυρος τοῦ Ἀρεοπαγίτου.
4. Ἱεροθέου ἐπισκόπου Ἀθηνῶν. Κρίσπου ἀποστόλου.
5. Χαριτίνης μάρτυρος. Ἰωάννου ἐπισκόπου Εὐχαΐτων.
6. Θωμᾶ τοῦ ἀποστόλου. Μακαρίου νεομάρτυρος.
7. Σεργίου καὶ Βάκχου τῶν μαρτύρων.
8. Πελαγίας ὁσίας. Ἰγνατίου νεομάρτυρος.
9. Ἰακώβου ἀποστόλου.

20. Eustathios the great martyr. Venerable John.

21. Kodratos the apostle. Jonah the prophet.

22. Hieromartyr Phokas. Isaak, and Martinos the martyrs.

23. The conception of the honorable Forerunner.

24. Thekla the great martyr. Ahmet the neomartyr.

25. Venerable Euphrosyne and hieromartyr Paphnoutios.

26. John the Theologian and evangelist.

27. Kallistratos the martyr. Akylina the neomartyr.

28. The venerable Chariton. Baruch the prophet.

29. Venerable Kyriakos. Petronia the martyr.

30. Hieromartyr Gregorios, bishop of Armenia.

OCTOBER

1. Venerable Romanos the Melodos and John Koukouzeles.

2. Hieromartyr Kyprianos the confessor.

3. Hieromartyr Dionysios the Areopagite.

4. Hierotheos, bishop of Athens. Krispos the apostle.

5. Charitine the martyr. John, bishop of Euchaita.

6. Thomas the apostle. Neomartyr Makarios.

7. Sergios and Bakchos the martyrs.

8. Pelagia the venerable. Ignatios the neomartyr.

9. Iakovos the apostle.

10. Εὐλαμπίου καὶ Εὐλαμπίας τῶν μαρτύρων.

Κυριακὴ κατὰ τὴν 11ην.—Τῶν Πατέρων τῆς Ζ΄ Οἰκουμενικῆς Συνόδου.

11. Φιλίππου τοῦ διακόνου καὶ ἀποστόλου.

12. Πρόβου, Ἀνδρονίκου, Ταράχου, τῶν μαρτύρων.

13. Κάρπου, Παπύλου τῶν μαρτύρων. Χρυσῆς νεομάρτυρος.

14. Ναζαρίου, Γερβασίου, Προτασίου καὶ Κελσίου τῶν μαρτύρων.

15. Λουκιανοῦ πρεσβυτέρου Ἀντιοχείας.

16. Λογγίνου τοῦ ἑκατοντάρχου.

17. Ὠσηὲ τοῦ προφήτου. Ἀνδρέου ὁσιομάρτυρος.

18. Λουκᾶ τοῦ ἀποστόλου καὶ εὐαγγελιστοῦ.

19. Ἰωὴλ τοῦ προφήτου. Οὐάρου μάρτυρος.

20. Ἀρτεμίου μεγαλομάρτυρος. Γερασίμου τοῦ νέου.

21. Ἱλαρίωνος ὁσίου τοῦ μεγάλου, Χριστοδούλου ὁσίου τοῦ ἐν Πάτμῳ.

22. Ἀβερκίου τοῦ ἰσαποστόλου, ἐπισκόπου Ἱεραπόλεως.

23. Ἰακώβου ἀποστόλου τοῦ Ἀδελφοθέου.

24. Ἀρέθα μεγαλομάρτυρος. Σεβαστιανῆς μάρτυρος.

25. Μαρκιανοῦ καὶ Μαρτυρίου τῶν νοταρίων.

26. Δημητρίου μεγαλομάρτυρος.

27. Νέστορος μάρτυρος. Κυριακοῦ Κωνσταντινουπόλεως.

28. Εὐχαριστήριος ἑορτὴ τῆς ἁγίας σκέπης τῆς ὑπεραγίας Θεοτόκου.

10. Eulampios and Eulampia the martyrs.

Sunday around the 11th—Sunday of the Fathers of the 7th Ecumenical Synod.

---

11. Philip the apostle and deacon.

12. Provos, Tarachos, and Andronikos the martyrs.

13. Karpos, Papylos the martyrs. Chryse the neomartyr.

14. Nazarios, Gervasios, Protasios, and Kelsios the martyrs.

15. Presbyter Loukianos of Antioch.

16. Longinus the centurion and martyr.

17. Hosea the prophet. Andrew the venerable martyr.

18. Luke the apostle and evangelist.

19. Prophet Joel. Martyr Ouaros.

20. Artemios the great martyr. Gerasimos the Younger.

21. Venerable Hilarion the Great and Christodoulos of Patmos.

22. Averkios, bishop of Hierapolis, equal-to-the-apostles.

23. Apostle Iakovos, brother of the Lord.

24. Great martyr Arethas. Sebastiane the martyr.

25. Martyrs Markianos and Martyrios the notaries.

26. Great martyr Demetrios.

27. Martyr Nestor. Kyriakos, archbishop of Constantinople.

28. Commemoration of the holy protection of the most holy Theotokos.

29. Ἀναστασίας τῆς Ρωμαίας. Ἀθανασίου ἱερομάρτυρος τοῦ νέου.
30. Ζηνοβίου καὶ Ζηνοβίας τῶν μαρτύρων.
31. Στάχυος, Ἀπελλοῦ, Ἀμπλία, τῶν ἀποστόλων.

ΝΟΕΜΒΡΙΟΣ

1. Τῶν ἁγίων Ἀναργύρων Κοσμᾶ καὶ Δαμιανοῦ.
2. Ἀκινδύνου, Πηγασίου, Ἀφθονίου, τῶν μαρτύρων.
3. Ἀκεψιμᾶ, Ἰωσὴφ καὶ Ἀειθαλᾶ τῶν μαρτύρων.
4. Ἰωαννικίου ὁσίου τοῦ μεγάλου.
5. Γαλακτίωνος καὶ Ἐπιστήμης τῶν μαρτύρων.
6. Παύλου Κωνσταντινουπόλεως. Νικάνδρου μάρτυρος.
7. Τῶν ἐν Μελιτηνῇ 33 Μαρτύρων.
8. Ἡ Σύναξις τῶν ἀρχιστρατήγων Μιχαὴλ καὶ Γαβριὴλ.
9. Νεκταρίου Πενταπόλεως τοῦ θαυματουργοῦ.
10. Ὀλυμπᾶ, Ροδίωνος, Σωσιπάτρου, τῶν ἀποστόλων.
11. Θεοδώρου ὁσίου τοῦ Στουδίτου.
12. Ἰωάννου τοῦ Ἐλεήμονος. Νείλου ὁσίου.
13. Ἰωάννου τοῦ Χρυσοστόμου.
14. Φιλίππου τοῦ ἀποστόλου. Γρηγορίου τοῦ Παλαμᾶ.
15. Γουρία, Σαμωνᾶ καὶ Ἀβίβου τῶν μαρτύρων.
16. Ματθαίου τοῦ ἀποστόλου. Ἰφιγενείας μάρτυρος.
17. Γρηγορίου Νεοκαισαρείας. Γενναδίου Κων-

29. Anastasia the Roman. Athanasios the Younger.

30. Zenobios and Zenobia the martyrs.
31. Stachys, Apellos, Amplias the apostles.

NOVEMBER

1. The holy Kosmas and Damianos the unmercenaries.
2. Akindynos, Pegasios, Aphthonios the martyrs.
3. Martyrs Akepsimas, Joseph and Aeithalas.

4. Venerable Ioannikios the Great.
5. Martyrs Galaktion and Episteme.
6. Paul, archbishop of Constantinople. Nikandros the martyr.
7. The 33 martyrs of Melitene.
8. The synaxis of Archangels Michael and Gabriel.

9. Nektarios of Pentapolis the wonderworker.
10. Olympas, Rodion, Sosipatros the apostles.

11. Venerable Theodore the Studites.
12. John the Merciful. Venerable Neilos.
13. John Chrysostom.
14. Philip the apostle. Gregory Palamas.

15. Gourias, Samonas, and Abibos the martyrs.
16. Matthew the apostle. Iphigenia the martyr.

17. Gregory of Neokaisaria. Gennadios, archbishop

σταντινουπόλεως.
18. Ἀναστασίου τοῦ νεομάρτυρος.
19. Ἀβδιοῦ τοῦ προφήτου. Ἀγαπίου καὶ Εὐφημίας τῶν μαρτύρων.
20. Γρηγορίου τοῦ Δεκαπολίτου.
21. Ἡ εἴσοδος τῆς ὑπεραγίας, Δεσποίνης ἡμῶν, Θεοτόκου.
22. Φιλήμονος, Ἀπφίας, Ἀρχίππου καὶ Ὀνησίμου τῶν ἀποστόλων.
23. Γρηγορίου, Ἀμφιλοχίου καὶ Ἰσχυρίωνος τῶν ἐπισκόπων.
24. Κλήμεντος Ῥώμης.
25. Αἰκατερίνης καὶ Μερκουρίου τῶν μεγαλομαρτύρων.
26. Ἀλυπίου, Στυλιανοῦ καὶ Νίκωνος τῶν ὁσίων, Γεωργίου νεομάρτυρος.
27. Ἰακώβου τοῦ Πέρσου μεγαλομάρτυρος.
28. Στεφάνου τοῦ Νέου.
29. Παραμόνου καὶ Φιλουμένου τῶν μαρτύρων.
30. Ἀνδρέου ἀποστόλου. Φρουμεντίου τοῦ φωτιστοῦ.

ΔΕΚΕΜΒΡΙΟΣ

1. Ναοὺμ τοῦ προφήτου. Φιλαρέτου ὁσίου τοῦ ἐλεήμονος.
2. Ἀββακοὺμ προφήτου, Ἀβίβου καὶ Μυρόπης τῶν μαρτύρων.
3. Σοφονίου προφήτου. Ἀγγελῆ νεομάρτυρος.
4. Βαρβάρας μεγαλομάρτυρος. Ἰωάννου τοῦ Δαμασκηνοῦ.
5. Σάββα τοῦ ἡγιασμένου. Διογένους μάρτυρος.

of Constantinople.

18. Anastasios the neomartyr.

19. Obadiah the prophet. Agapios and Euphemia the martyrs.

20. Gregory Dekapolites.

21. The entrance into the Temple of our most holy Lady, the Theotokos.

22. Apostles Philemon, Apphias, Archippos, and Onesimos.

23. Bishops Gregory, Amphilochios, and Ischyrion.

24. Clement of Rome.

25. Catherine and Merkourios the great martyrs.

26. Venerable Alypios, Nikon and Stylianos. Neomartyr George.

27. Great martyr Iakovos the Persian.

28. Stephen the Younger.

29. Paramonos and Philoumenos the martyrs.

30. Apostle Andrew. Froumentios the illuminator.

DECEMBER

1. Naoum the prophet. Venerable Philaretos the merciful.

2. Abbakum the prophet. Abibos and Myrope the martyrs.

3. Sophonios the prophet. Neomartyr Angeles.

4. Barbara the great martyr. John of Damascus.

5. Sabbas the blessed. Diogenes the martyr.

6. Νικολάου ἀρχιεπισκόπου Μύρων.
7. Ἀμβροσίου ἐπισκόπου Μεδιολάνων.
8. Παταπίου ὁσίου. Παρθενίου μάρτυρος.
9. Ἡ σύλληψις τῆς Ἁγίας Ἄννης.
10. Μηνᾶ, Ἑρμογένους καὶ Εὐγράφου τῶν μαρτύρων.

Τῇ Κυριακῇ κατὰ τὴν 11ην. Τῶν ἁγίων Προπατόρων.

---

11. Δανιήλ, Λουκᾶ, Νόμωνος, Λεοντίου τῶν ὁσίων.
12. Σπυρίδωνος ἐπισκόπου Τριμυθοῦντος.
13. Εὐστρατίου, Αὐξεντίου, Εὐγενίου τῶν μαρτύρων.
14. Θύρσου, Λευκίου, Καλλινίκου τῶν μαρτύρων.
15. Ἐλευθερίου ἱερομάρτυρος. Ἀνθίας μάρτυρος.
16. Ἀγγαίου προφήτου. Θεοφανοῦς τῆς ἀνάσσης.
17. Δανιὴλ τοῦ προφήτου, τῶν ἁγίων Τριῶν Παίδων.

Τῇ Κυριακῇ πρὸ τῆς Χριστοῦ γεννήσεως.—Τῶν ἁγίων Πατέρων.

---

18. Σεβαστιανοῦ, Ζωῆς τῶν μαρτύρων.
19. Βονιφατίου, Ἄρεως, Εὐτυχίου τῶν μαρτύρων.
20. Ἰγνατίου τοῦ θεοφόρου. Ἰωάννου νεομάρτυρος.
21. Ἰουλιανῆς καὶ Θεμιστοκλέους τῶν μαρτύρων.
22. Ἀναστασίας μεγαλομάρτυρος, Χρυσογόνου μάρτυρος.
23. Τῶν ἐν Κρήτῃ 10 μαρτύρων, Νικολάου νεομάρτυρος.

6. Nicholas, archbishop of Myra.

7. Ambrose, bishop of Milan.

8. Venerable Patapios. Parthenios the martyr.

9. The conception of St. Anna.

10. Menas, Hermogenes, and Eugraphos the martyrs.

Sunday about the 11th. The Holy Forefathers.

---

11. Venerable Daniel, Luke, Nomon and Leontios.

12. Spyridon, bishop of Trimythous.

13. Eustratios, Auxentios, Eugenios the martyrs.

14. Thyrsos, Leukios, Kallinikos the martyrs.

15. Eleutherios the hieromartyr. Anthia the martyr.

16. Angaios the prophet. Theophano the empress.

17. Prophet Daniel and the three holy Children.

The Sunday before the Nativity of Christ. The holy Fathers.

---

18. Sevastianos and Zoe the martyrs.

19. Boniphatios, Ares, Eutychios the martyrs.

20. Ignatios the Godbearer. John the neomartyr.

21. Juliane and Themistokles the martyrs.

22. Great martyr Anastasia. Chrysogenes the martyr.

23. The 10 martyrs of Crete. Nicholas the neomartyr.

24. Εὐγενίας, Βασίλλας τῶν μαρτύρων. Ἄχμετ νεομάρτυρος.

25. Ἡ κατὰ σάρκα Γέννησις τοῦ Κυρίου καὶ Θεοῦ καὶ Σωτῆρος ἡμῶν Ἰησοῦ Χριστοῦ.

Τῇ Κυριακῇ μετὰ τὴν Χριστοῦ Γέννησιν.

26. Ἡ Σύναξις τῆς ὑπεραγίας Θεοτόκου.
27. Στεφάνου τοῦ πρωτομάρτυρος.
28. Τῶν ἐν Νικομηδείᾳ μαρτύρων.
29. Τῶν ἁγίων 14 χιλιάδων νηπίων.
30. Γεδεὼν ὁσιομάρτυρος.
31. Μελάνης ὁσίας, Ζωτικοῦ ἱερομάρτυρος.

ΙΑΝΟΥΑΡΙΟΣ

1. Ἡ περιτομὴ τοῦ Κυρίου ἡμῶν Ἰησοῦ Χριστοῦ. Βασιλείου τοῦ Μεγάλου.
2. Σιλβέστρου ἐπισκόπου Ρώμης.
3. Γορδίου μάρτυρος. Μαλαχίου τοῦ προφήτου.
4. Ἡ Σύναξις τῶν 70 Ἀποστόλων.
5. Θεοπέμπτου ἐπισκόπου καὶ Θεωνᾶ τῶν μαρτύρων.
6. Τὰ ἅγια Θεοφάνεια τοῦ Σωτῆρος ἡμῶν Ἰησοῦ Χριστοῦ.
7. Ἡ Σύναξις τοῦ τιμίου, ἐνδόξου, Προφήτου, Προδρόμου καὶ Βαπτιστοῦ Ἰωάννου.
8. Γεωργίου τοῦ Χοζεβίτου. Παρθένας νεομάρτυρος.
9. Πολυεύκτου μάρτυρος, Εὐστρατίου ὁσίου.
10. Γρηγορίου ἐπισκόπου Νύσσης.
11. Θεοδοσίου τοῦ κοινοβιάρχου.

24. Eugenia, Vassila the martyrs. Ahmet the neomartyr.

25. The Nativity of our Lord and God and Savior Jesus Christ.

The Sunday after the Nativity of Christ.

---

26. The synaxis of most holy Theotokos.
27. Proto-martyr Stephen.
28. The martyrs at Nikomedia.
29. The holy 14 thousand children.
30. Venerable martyr Gedeon.
31. Venerable Melania. Hieromartyr Zotikos.

JANUARY

1. The circumcision of Our Lord Jesus Christ. Basil the Great.
2. Silvester, bishop of Rome.
3. Gordios the martyr. Malachi the prophet.
4. The synaxis of the Seventy Apostles.
5. Bishop Theopemptos and Theonas the martyrs.

6. The holy Theophany of our Savior Jesus Christ.

7. The synaxis of the honorable, glorious, prophet and Forerunner John the Baptist.
8. Venerable George Chozevites. Parthena the neomartyr.
9. Polyeuktos the martyr. Venerable Eustratios.
10. Gregory, bishop of Nyssa.
11. Theodosios the hegoumenos.

12. Τατιανῆς καὶ Εὐθασίας καὶ Μερτίου τῶν μαρτύρων.

13. Ἑρμύλου, Στρατονίκου, Παχωμίου τῶν μαρτύρων.

14. Σάβα ἀρχιεπισκόπου Σερβίας.

15. Παύλου τοῦ ἐν Θηβαῖδι καὶ Ἰωάννου τοῦ Καλυβίτου.

16. Πευσίππου, Νεονίλλης τῶν μαρτύρων.

17. Ἀντωνίου ὁσίου τοῦ μεγάλου, Ἀντωνίου τοῦ νέου.

18. Ἀθανασίου καὶ Κυρίλλου πατριαρχῶν Ἀλεξανδρείας.

19. Μάρκου μητροπολίτου Ἐφέσου τοῦ Εὐγενικοῦ.

20. Εὐθυμίου ὁσίου τοῦ Μεγάλου. Ζαχαρίου νεομάρτυρος.

21. Μαξίμου τοῦ ὁμολογητοῦ. Μαξίμου τοῦ Γραικοῦ.

22. Τιμοθέου ἀποστόλου, Ἀναστασίου ὁσιομάρτυρος.

23. Κλήμεντος ἐπισκόπου Ἀγκύρας.

24. Βαβύλα ἱερομάρτυρος. Νεοφύτου τοῦ Ἐγκλείστου.

25. Γρηγορίου Κωνσταντινουπόλεως τοῦ Θεολόγου.

26. Ξενοφῶντος τοῦ ἐν Ἄθῳ.

27. Δημητρίου τοῦ νεομάρτυρος.

28. Ἐφραὶμ τοῦ Σύρου. Χάριτος μάρτυρος.

29. Δημητρίου νεομάρτυρος τοῦ Χίου.

30. Τῶν ἐν ἁγίοις πατέρων ἡμῶν μεγάλων ἱεραρχῶν καὶ οἰκουμενικῶν διδασκάλων Βασιλείου τοῦ Μεγάλου, Γρηγορίου τοῦ Θεολόγου καὶ Ἰωάννου τοῦ

12. Tatiane, Eythasia, and Mertios the martyrs.

13. Hermylos, Stratonikos and Pachomios the martyrs.

14. Sabas, archbishop of Serbia.

15. Paul of Thebais and John the Kalyvites.

16. Peusippos and Neonilla the martyrs.

17. Venerable Anthony the Great. Anthony the Younger.

18. Athanasios and Cyril, patriarchs of Alexandria.

19. Mark Eugenikos, metropolitan of Ephesos.

20. Venerable Euthymios the Great. Zacharias the neomartyr.

21. Maximos the Confessor and Maximos the Greek.

22. Apostle Timothy and Anastasios the hieromartyr.

23. Klemes, bishop of Ankyra.

24. Hieromartyr Babylas and Neophytos the recluse.

25. Gregory the Theologian, archbishop of Constantinople.

26. Venerable Xenophon of Athos.

27. Neomartyr Demetrios.

28. Ephraim the Syrian. Charis the martyr.

29. Noemartyr Demetrios of Chios.

30. Our fathers among the saints, the great hierarchs and ecumenical teachers: Basil the Great, Gregory the Theologian, and John Chrysostomos.

Χρυσοστόμου.
31. Κύρου καὶ Ἰωάννου τῶν Ἀναργύρων.

ΦΕΒΡΟΥΑΡΙΟΣ

1. Ἀναστασίου νεομάρτυρος.
2. Ἡ Ὑπαπαντὴ τοῦ Κυρίου καὶ Θεοῦ καὶ Σωτῆρος ἡμῶν Ἰησοῦ Χριστοῦ.
3. Τοῦ ἁγίου καὶ δικαίου Συμεὼν τοῦ θεοδόχου.
4. Ἰσιδώρου καὶ Νικολάου τῶν ὁσίων.
5. Ἀγαθῆς μάρτυρος. Πολυεύκτου Κωνσταντινουπόλεως.
6. Φωτίου Κωνσταντινουπόλεως τοῦ μεγάλου.
7. Παρθενίου ἐπισκόπου Λαμψάκου.
8. Θεοδώρου τοῦ Στρατηλάτου. Ζαχαρίου τοῦ προφήτου.
9. Νικηφόρου μάρτυρος. Μαρκέλλου ἱερομάρτυρος.
10. Χαραλάμπους ἱερομάρτυρος.
11. Βλασίου ἱερομάρτυρος. Θεοδώρας τῆς βασιλίσσης.
12. Μελετίου ἀρχιεπισκόπου Ἀντιοχείας, Χρήστου νεομάρτυρος.
13. Μαρτινιανοῦ ὁσίου. Ἀκύλα καὶ Πρισκίλλης τῶν ἀποστόλων.
14. Νικολάου και Γεωργίου τῶν νεομαρτύρων.
15. Ὀνησίμου ἀποστόλου. Εὐσεβίου ὁσίου.
16. Παμφίλου μάρτυρος. Ρωμανοῦ ὁσιομάρτυρος.
17. Θεοδώρου μεγαλομάρτυρος.
18. Λέοντος Ρώμης.
19. Νικήτα τοῦ ἱερομάρτυρος τοῦ νέου.

31. Kyros and John the unmercenaries.

FEBRUARY

1. Neomartyr Anastasios.

2. The meeting of our Lord and God and Savior Jesus Christ.

3. Holy and righteous Symeon who received God.

4. Venerable Isidore and Nicholas.

5. Martyr Agathe. Polyeuktos, archbishop of Constantinople.

6. Photios the Great of Constantinople.

7. Parthenios, bishop of Lampsakos.

8. Theodore Stratelates and Zacharias the prophet.

9. Martyr Nikephoros. Hieromartyr Markellos.

10. Hieromartyr Charalambos.

11. Hieromartyr Vlasios and Theodora the empress.

12. Meletios, archbishop of Antioch. Chrestos the neomartyr.

13. Venerable Martinianos. Apostles Akyla and Priscilla.

14. Nicholas and George the neomartyrs.

15. Onesimos the apostle. Venerable Eusebios.

16. Pamphilos the martyr. Venerable Romanos the martyr.

17. Theodore the great martyr.

18. Leo of Rome.

19. Hieromartyr Niketas the Younger.

20. Λέοντος ἐπισκόπου. Βησσαρίωνος ὁσίου.
21. Εὐσταθίου, Ζαχαρίου καὶ Ἰωάννου τῶν πατρι-
αρχῶν.
22. Ἀνθούσης μάρτυρος.
23. Πολυκάρπου ἱερομάρτυρος ἐπισκόπου Σμύρ-
νης.
24. Ἡ α΄. καὶ β΄. εὕρεσις τῆς τιμίας κεφαλῆς τοῦ
Προδρόμου.
25. Ταρασίου ἀρχιεπισκόπου Κωνσταντινουπό-
λεως.
26. Πορφυρίου ἐπισκόπου Γάζης.
27. Ἠλία νεομάρτυρος.
28. Κυράννης νεομάρτυρος.
29. Κασσιανοῦ ὁσίου τοῦ ὁμολογητοῦ.

ΜΑΡΤΙΟΣ

1. Εὐδοκίας ὁσιομάρτυρος.
2. Θεοδότου ἐπισκόπου ἐν Κύπρῳ.
3. Εὐτροπίου, Κλεονίκου, Βασιλίσκου καὶ Θεο-
δωρήτου τῶν μαρτύρων.
4. Γερασίμου ὁσίου, Γρηγορίου ἐπισκόπου Κύ-
πρου.
5. Ἰωάννου νεομάρτυρος τοῦ Βουλγάρου.
6. Τῶν ἐν Βαγδάτῃ 42 ἐξ Ἀμορίου μαρτύρων.
7. Λαυρεντίου ὁσίου τοῦ ἐκ Μεγάρων.
8. Θεοφυλάκτου ἐπισκόπου Νικομηδείας.
9. Τῶν ἐν Σεβαστείᾳ 40 μαρτύρων.
10. Κοδράτου τοῦ ἐν Κορίνθῳ. Μιχαὴλ νεομάρτυ-
ρος.
11. Σωφρονίου Ἱεροσολύμων.
12. Θεοφάνους ὁμολογητοῦ.

20. Bishop Leon, Venerable Bessarion.
21. Patriarchs Eustathios, Zacharias, and John.

22. Anthousa the martyr.
23. Hieromartyr Polykarpos, bishop of Smyrna.

24. The first and second finding of the head of the Forerunner.
25. Tarasios, archbishop of Constantinople.

26. Porphyrios, bishop of Gaza.
27. Elias the neomartyr.
28. Kyranna the neomartyr.
29. Venerable Kassianos the confessor.

MARCH

1. Venerable martyr Eudokia.
2. Theodotos, bishop in Cyprus.
3. Eutropios, Kleonikos, Basilikos, and Theodoretos the martyrs.
4. Venerable Gerasimos. Gregory, bishop of Cyprus.
5. Neomartyr John the Bulgarian.
6. The 42 martyrs from Amorion who were martyred in Bagdad.
7. Venerable Laurentios of Megara.
8. Theophylaktos, bishop of Nikomedia.
9. The 40 martyrs of Sebasteia.
10. Kodratos at Corinth. Michael the neomartyr.
11. Sophronios of Jerusalem.
12. Theophanes the confessor.

13. Ποπλίου καὶ Μαρίου τῶν ἐπισκόπων.
14. Βενεδίκτου ὁσίου.
15. Ἀγαπίου μάρτυρος.
16. Χριστοδούλου ὁσίου τοῦ θαυματουργοῦ.
17. Ἀλεξίου ὁσίου, τοῦ «ἀνθρώπου τοῦ Θεοῦ».
18. Κυρίλλου Ἱεροσολύμων.
19. Δημητρίου νεομάρτυρος.
20. Μύρωνος νεομάρτυρος.
21. Ἰακώβου τοῦ νέου. Μιχαὴλ νεομάρτυρος.
22. Βασιλείου, Καλλινίκης, Εὐθυμίου, μαρτύρων.
23. Νίκωνος ὁσιομάρτυρος. Λουκᾶ νεομάρτυρος.
24. Παρθενίου ἱερομάρτυρος τοῦ νέου.
25. Ὁ Εὐαγγελισμὸς τῆς ὑπεραγίας, Δεσποίνης ἡμῶν, Θεοτόκου καὶ ἀειπαρθένου Μαρίας.
26. Στεφάνου ὁμολογητοῦ.
27. Ματρώνης τῆς ἐν Θεσσαλονίκῃ.
28. Ἱλαρίωνος ὁσίου, Ἡρωδίωνος ἀποστόλου.
29. Κυρίλλου, Ἰωνᾶ καὶ Βαραχησίου τῶν μαρτύρων.
30. Ἰωάννου ὁσίου συγγραφέως τῆς «Κλίμακος».
31. Ὑπατίου ἐπισκόπου Γαγγρῶν.

ΑΠΡΙΛΙΟΣ

1. Μαρίας ὁσίας τῆς Αἰγυπτίας.
2. Τίτου ὁσίου. Θεοδώρας, Αἰδεσίου καὶ Παναγιώτου, τῶν μαρτύρων.
3. Παύλου καὶ Ἰωάννου τῶν νεομαρτύρων.
4. Νικήτα ἱερομάρτυρος τοῦ νέου.
5. Γεωργίου νεομάρτυρος. Θεοδώρας ὁσίας.
6. Εὐτυχίου πατριάρχου.

13. Bishops Poplios and Markos.

14. Venerable Benedict.

15. Martyr Agapios.

16. Venerable Christodoulos the wonderworker.

17. Venerable Alexios the "man of God."

18. Cyril of Jerusalem.

19. Demetrios the neomartyr.

20. Myron the neomartyr.

21. Iakovos the Younger. Michael the neomartyr.

22. Basil, Kallinike, and Euthymios the martyrs.

23. Venerable martyr Nikon and Luke the neomartyr.

24. Hieromartyr Parthenios the Younger.

25. The Annunciation of our most holy Lady, the Theotokos and ever virgin Mary.

26. Stephen the confessor.

27. Matrona of Thessalonike.

28. Venerable Hilarion. Herodion the apostle.

29. Cyril, Jonah, and Barachesios the martyrs.

30. Venerable John, author of the "Ladder."

31. Hypatios, bishop of Gangra.

APRIL

1. Venerable Mary the Egyptian.

2. Venerable Titos. Theodora, Aidesios, and Panagiotes the martyrs.

3. Paul and John the neomartyrs.

4. Hieromartyr Niketas the Younger.

5. George the neomartyr. Venerable Theodora.

6. Patriarch Eutychios of Constantinople.

7. Γεωργίου ὁσίου ἐπισκόπου Μυτιλήνης.
8. Ἰωάννου νεομάρτυρος.
9. Συμεὼν ὁσίου.
10. Γρηγορίου ἱερομάρτυρος πατριάρχου Κωνσταντινουπόλεως τοῦ Ε'. Δήμου τοῦ νεομάρτυρος.
11. Ἀντίπα ἱερομάρτυρος ἐπισκόπου Περγάμου.
12. Βασιλείου ἐπισκόπου Παρίου.
13. Μαρτίνου Ρώμης.
14. Ἀριστάρχου, Πούδη καὶ Τροφίμου τῶν ἀποστόλων.
15. Κρήσκεντος μάρτυρος.
16. Μιχαήλ, Ραφαήλ, Νικολάου, Εἰρήνης, Χριστοφόρου τῶν νεομαρτύρων.
17. Συμεὼν ἱερομάρτυρος. Ἀδριανοῦ μάρτυρος.
18. Ἰωάννου, Εὐθυμίου τῶν ὁσίων.
19. Παφνουτίου ἱερομάρτυρος.
20. Θεοδώρου, Ἀθανασίου καὶ Ἰωάσαφ τῶν ὁσίων.
21. Ἰανουαρίου ἱερομάρτυρος.
22. Θεοδώρου ἐπισκόπου.
23. Γεωργίου μεγαλομάρτυρος τοῦ Τροπαιοφόρου.
24. Ἐλισάβετ ὁσίας τῆς θαυματουργοῦ.
25. Μάρκου τοῦ ἀποστόλου καὶ εὐαγγελιστοῦ.
26. Βασιλέως ἱερομάρτυρος.
27. Συμεὼν ἱερομάρτυρος.
28. Τῶν ἐν Κυζίκῳ Ἐννέα μαρτύρων.
29. Ἰάσονος καὶ Σωσιπάτρου τῶν ἀποστόλων.
30. Ἀργυρῆς νεομάρτυρος.

ΜΑΙΟΣ

1. Ἱερεμίου τοῦ προφήτου.
2. Ἀθανασίου Ἀλεξανδρείας τοῦ Μεγάλου.

7. Venerable George, bishop of Mytilene.

8. John the neomartyr.

9. Venerable Symeon.

10. Hieromartyr Gregory V, patriarch of Constantinople. Demos the neomartyr.

11. Hieromartyr Antipas, bishop of Pergamos.

12. Basil, bishop of Parion.

13. Martin of Rome.

14. Aristarchos, Poudes, and Trophimos the apostles.

15. Cresces the martyr.

16. Michael, Raphael, Nicholas, Irene, and Christophoros the neomartyrs.

17. Hieromartyr Symeon. Hadrian the martyr.

18. Venerable John and Euthymios.

19. Hieromartyr Paphnoutios.

20. Venerable Theodore, Athanasios, and Ioasaph.

21. Hieromartyr January.

22. Bishop Theodore.

23. Great martyr George the Victorious.

24. Venerable Elizabeth the wonderworker.

25. Mark the apostle and evangelist.

26. Basil the hieromartyr.

27. Hieromartyr Symeon.

28. The nine martyrs of Kyzikos.

29. Jason and Sosipatros the apostles.

30. Argyre the neomartyr.

MAY

1. Jeremiah the prophet.

2. Athanasios the Great of Alexandria.

3. Τιμοθέου καὶ Μαύρας τῶν μαρτύρων.
4. Πελαγίας ὁσιομάρτυρος.
5. Εἰρήνης μεγαλομάρτυρος.
6. Ἰὼβ τοῦ δικαίου καὶ προφήτου.
7. Ἀκακίου καὶ Κοδράτου τῶν μαρτύρων.
8. Ἰωάννου ἀποστόλου καὶ εὐαγγελιστοῦ τοῦ θεολόγου.
9. Ἡσαΐου προφήτου. Χριστοφόρου μάρτυρος.
10. Σίμωνος ἀποστόλου τοῦ Ζηλωτοῦ.
11. Μεθοδίου καὶ Κυρίλλου φωτιστῶν τῶν Σλαύων.
12. Γερμανοῦ Κωνσταντινουπόλεως. Ἰωάννου νεομάρτυρος.
13. Εὐθυμίου ὁσίου τοῦ νέου.
14. Ἰωάννου καὶ Μάρκου, τῶν νεομαρτύρων.
15. Ἀχιλλίου ἐπισκόπου Λαρίσης.
16. Νικολάου νεομάρτυρος τοῦ ἐκ Μετσόβου.
17. Νεκταρίου καὶ Θεοφάνους τῶν ὁσίων.
18. Στεφάνου Κωνσταντινουπόλεως.
19. Μενάνδρου καὶ Φιλεταίρου τῶν μαρτύρων.
20. Νικήτα, Ἰωάννου καὶ Ἰωσὴφ ὁσίων, τῶν ἐν Χίῳ.
21. Τῶν ἰσαποστόλων Κωνσταντίνου καὶ Ἑλένης.
22. Δημητρίου καὶ Παύλου τῶν νεομαρτύρων.
23. Μιχαὴλ ἐπισκόπου. Λουκᾶ νεομάρτυρος.
24. Συμεὼν καὶ Νικήτα τῶν ὁσίων.
25. Κελεστίνου μάρτυρος.
26. Κάρπου καὶ Ἀλφαίου τῶν ἀποστόλων.
27. Ἑλλαδίου καὶ Θεράποντος, τῶν ἱερομαρτύρων.
28. Εὐτυχοῦς ἱερομάρτυρος. Ἑλικωνίδος μάρτυρος.

3. Timothy and Mavra the martyrs.
4. Venerable martyr Pelagia.
5. Great martyr Irene.
6. Prophet Job the righteous.
7. Akakios and Kodratos the martyrs.
8. Apostle and evangelist John the Theologian.

9. Isaiah the prophet. Christopher the martyr.
10. Apostle Simon the Zealot.
11. Cyril and Methodios, illuminators of the Slavs.

12. Germanos of Constantinople. John the neomartyr.
13. Venerable Euthymios the Younger.
14. John and Mark the neomartyrs.
15. Achillios, bishop of Larisa.
16. Nicholas the neomartyr of Metsovo.
17. Venerable Nektarios and Theophanes.
18. Stephanos, archbishop of Constantinople.
19. Menander and Phileteros the martyrs.
20. Venerable Niketas, John, and Joseph of Chios.
21. Constantine and Helen, the great sovereigns and equal-to-the-apostles.
22. Demetrios and Paul the neomartyrs.
23. Michael the bishop. Luke the neomartyr.
24. Venerable Symeon and Niketas.
25. Kelestinos the martyr.
26. Karpos and Alphaios the apostles.
27. Helladios and Therapon the hieromartyrs.

28. Euthyches the hieromartyr. Helikonis the martyr.

29. Ὀλβιανοῦ ἱερομάρτυρος. Θεοδοσίας ὁσιομάρτυρος.
30. Ἰσαακίου, Ναταλίου καὶ Βαρλαὰμ τῶν ὁσίων.
31. Ἑρμείου καὶ Εὐσεβίου τῶν μαρτύρων.

ΙΟΥΝΙΟΣ

1. Ἰουστίνου τοῦ φιλοσόφου.
2. Νικηφόρου πατριάρχου Κωνσταντινουπόλεως.
3. Ἀθανασίου ὁσίου τοῦ θαυματουργοῦ.
4. Μητροφάνους Κωνσταντινουπόλεως.
5. Μάρκου νεομάρτυρος.
6. Ἱλαρίωνος τοῦ νέου.
7. Θεοδότου Ἀγκύρας ἱερομάρτυρος.
8. Νικάνδρου καὶ Καλλιόπης τῶν μαρτύρων.
9. Κυρίλλου Ἀλεξανδρείας.
10. Ἀλεξάνδρου, Ἀντωνίνης τῶν μαρτύρων.
11. Βαρνάβα καὶ Βαρθολομαίου τῶν ἀποστόλων.
12. Ὀνουφρίου καὶ Πέτρου τοῦ ἐν τῷ Ἄθῳ τῶν ὁσίων.
13. Ἀκυλίνης μάρτυρος. Ἀντιπάτρου καὶ Τριφυλίου τῶν ἐπισκόπων.
14. Κυρίλλου ἐπισκόπου Κρήτης.
15. Ἀμὼς τοῦ προφήτου.
16. Τύχωνος ἐπισκόπου τοῦ θαυματουργοῦ.
17. Ἰωσὴφ τοῦ ὁσίου.
18. Λεοντίου, Ὑπατίου καὶ Θεοδούλου τῶν μαρτύρων.
19. Ζωσίμου μάρτυρος.
20. Μεθοδίου ἐπισκόπου Πατάρων.

29. Olvianos the hieromartyr. Theodosia the venerable martyr.

30. Venerable Isaakios, Natalios, and Barlaam.

31. Hermeios and Eusebios the martyrs.

JUNE

1. Justin the philosopher.
2. Nikephoros, patriarch of Constantinople.
3. Venerable Athanasios the wonderworker.
4. Metrophanes, archbishop of Constantinople.
5. Mark the neomartyr.
6. Venerable Hillarion the Younger.
7. Hieromartyr Theodotos of Ankyra.
8. Nikandros and Kalliope the martyrs.
9. Cyril of Alexandria.
10. Alexander and Antonina the martyrs.
11. Bartholomew and Barnabas the apostles.
12. Venerable Onouphrios and Peter of Mount Athos.
13. Akylina the martyr. Bishops Antipatros and Triphyllios.
14. Cyril, bishop of Crete.
15. Ammos the prophet.
16. Bishop Tychon the wonderworker.
17. Venerable Joseph.
18. Leontios, Hypatios, and Theodoulos the martyrs.
19. Zosimos the martyr.
20. Methodios, bishop of Patara.

21. Νικήτα νεομάρτυρος τοῦ Νισυρίου.

22. Ζήνωνος καὶ Ζηνᾶς τῶν μαρτύρων.

23. Βαρβάρου ὁσίου τοῦ Πενταπολίτου.

24. Τὸ Γενέθλιον τοῦ τιμίου Προδρόμου καὶ βαπτιστοῦ Ἰωάννου.

25. Προκοπίου νεομάρτυρος.

26. Δαβὶδ τοῦ ἐν Θεσσαλονίκῃ

27. Σαμψὼν τοῦ ξενοδόχου.

28. Παπίου, Παύλου καὶ Μωυσέως τῶν μαρτύρων.

29. Πέτρου καὶ Παύλου τῶν Ἀποστόλων.

30. Σύναξις τῶν ἁγίων Δώδεκα Ἀποστόλων.

ΙΟΥΛΙΟΣ

1. Κοσμᾶ καὶ Δαμιανοῦ τῶν Ἀναργύρων.

2. Τῶν ἐν Σαμοθράκῃ νεομαρτύρων.

3. Ἀνατολίου Κωνσταντινουπόλεως.

4. Ἀνδρέου ἐπισκόπου Κρήτης.

5. Ἀθανασίου καὶ Λαμπαδοῦ τῶν ὁσίων.

6. Κυρίλλου ὁσιομάρτυρος.

7. Κυριακῆς μεγαλομάρτυρος.

8. Προκοπίου μεγαλομάρτυρος.

9. Μιχαὴλ τοῦ Ἀθηναίου τοῦ νεομάρτυρος.

10. Τῶν ἐν Νικοπόλει τῆς Ἀρμενίας 45 μαρτύρων.

11. Εὐφημίας μεγαλομάρτυρος.

12. Πρόκλου καὶ Ἱλαρίου τῶν μαρτύρων.

Κυριακὴ μετὰ τὴν ιγʹ.—Μνήμη τῶν ἁγίων Πατέρων τῶν ἓξ πρώτων Οἰκουμενικῶν Συνόδων.

---

21. Neomartyr Niketas of Nisyros.

22. Zenon and Zenas the martyrs.

23. Venerable Barbaros of Pentapolis.

24. The Nativity of the honorable, Forerunner John the Baptist.

25. Prokopios the neomartyr.

26. David of Thessalonike.

27. Sampson the innkeeper.

28. Papios, Paul, and Moses the martyrs.

29. Peter and Paul the apostles.

30. The synaxis of the Apostles.

JULY

1. Kosmas and Damianos the unmercenaries.

2. The neomartyrs of Samothrake.

3. Anatolios, archbishop of Constantinople.

4. Andrew, bishop of Crete.

5. Venerable Athanasios and Lampados.

6. Venerable martyr Cyril.

7. Great martyr Kyriake.

8. Great martyr Prokopios.

9. Michael the neomartyr of Athens.

10. The 45 martyrs of Nikopolis in Armenia.

11. Great martyr Euphemia.

12. Proklos and Hilarion the martyrs.

Sunday after the 13th. Commemoration of the holy Fathers of the first six Ecumenical Synods.

13. Ὁσίου Στεφάνου τοῦ Σαββαΐτου.
14. Ἀκύλα τοῦ ἀποστόλου.
15. Κηρύκου καὶ Ἰουλίττης τῶν μαρτύρων.
16. Ἀθηνογένους ἱερομάρτυρος.
17. Μαρίνης μεγαλομάρτυρος.
18. Αἰμιλιανοῦ μάρτυρος.
19. Μακρίνης καὶ Δίου τῶν ὁσίων.
20. Ἠλιού τοῦ προφήτου.
21. Συμεών, Ἰωάννου καὶ Παρθενίου ἐπισκόπου Ἄρτης τῶν ὁσίων.
22. Μαρίας τῆς Μαγδαληνῆς. Μαρκέλλης παρθενομάρτυρος.
23. Ἰεζεκιὴλ τοῦ προφήτου.
24. Χριστίνης μεγαλομάρτυρος.
25. Εὐπραξίας ὁσίας.
26. Παρασκευῆς ὁσιοπαρθενομάρτυρος.
27. Παντελεήμονος μεγαλομάρτυρος.
28. Εἰρήνης ὁσίας τῆς Χρυσοβαλάντου.
29. Καλλινίκου καὶ Θεοδότης τῶν μαρτύρων.
30. Σίλα, Σιλουανοῦ, Κρήσκεντος, τῶν ἀποστόλων.
31. Εὐδοκίμου τοῦ δικαίου. Ἰωσὴφ τοῦ ἀπὸ Ἀριμαθαίας.

ΑΥΓΟΥΣΤΟΣ

1. Ἐλέσης ὁσιομάρτυρος.
2. Θεοδώρου νεομάρτυρος τοῦ ἐν Δαρδανελλίοις.
3. Σαλώμης τῆς μυροφόρου.
4. Τῶν ἐν Ἐφέσῳ ἁγίων 7 παίδων.
5. Ὁσίου Εὐγενίου τοῦ Αἰτωλοῦ.
6. Ἡ Μεταμόρφωσις τοῦ Κυρίου καὶ Θεοῦ καὶ

13. Venerable Stephen the Sabbaite.
14. Akylas the apostle.
15. Kerykos and Julietta the martyrs.
16. Hieromartyr Athenogenes.
17. Great martyr Marina.
18. Aimilianos the martyr.
19. Venerable Makrina and Dios.
20. Elias the prophet.
21. Venerable Symeon, John, and Bishop Parthenios of Arta.
22. Mary Magdalene, Markella the virgin martyr.

23. Ezekiel the prophet.
24. Great martyr Christina.
25. Venerable Eupraxia.
26. Venerable virgin-martyr Paraskeve.
27. Great martyr Panteleimon.
28. Venerable Irene Chrysovalantou.
29. Kallinikos and Theodote the martyrs.
30. Apostles Silas, Silouanos and Cresces.

31. Eudokimos the righteous. Joseph of Arimathea.

AUGUST

1. Venerable martyr Elesa.
2. Neomartyr Theodore of the Dardanelles.
3. Myrrhbearer Salome.
4. The 7 holy children of Ephesos.
5. Venerable Eugenios Aitolos.
6. The Transfiguration of our Lord and God and Savior Jesus Christ.

Σωτῆρος ἡμῶν Ἰησοῦ Χριστοῦ.

7. Δομετίου καὶ Σώζοντος, τῶν μαρτύρων.

8. Ἀναστασίου καὶ Τριανταφύλλου τῶν νεομαρτύρων.

9. Ματθία ἀποστόλου.

10. Λαυρεντίου τοῦ ἀρχιδιακόνου καὶ μάρτυρος.

11. Εὔπλου μάρτυρος. Νήφωνος Κωνσταντινουπόλεως.

12. Φωτίου καὶ Ἀνικήτου τῶν μαρτύρων.

13. Μαξίμου τοῦ ὁμολογητοῦ.

14. Μιχαίου προφήτου. Συμεὼν νεομάρτυρος.

15. Ἡ Κοίμησις τῆς Ὑπεραγίας, ἐνδόξου, Δεσποίνης ἡμῶν, Θεοτόκου καὶ ἀειπαρθένου Μαρίας.

16. Νικοδήμου, Ἀποστόλου, καὶ Σταματίου τῶν νεομαρτύρων.

17. Μύρωνος, Εὐτυχίου, Εὐτυχιανοῦ καὶ Κασσιανῆς τῶν ὁσίων.

18. Δημητρίου νεομάρτυρος. Ἀρσενίου ὁσίου τοῦ ἐν Πάρῳ.

19. Ἀνδρέου τοῦ στρατηλάτου. Θεοφάνους ὁσίου.

20. Σαμουὴλ τοῦ προφήτου.

21. Θαδδαίου ἀποστόλου.

22. Ἀγαθονίκου μάρτυρος καὶ τῶν σὺν αὐτῷ.

23. Νικολάου καὶ Διονυσίου τοῦ ἐν Ὀλύμπῳ.

24. Κοσμᾶ ἰσαποστόλου τοῦ Αἰτωλοῦ.

25. Τίτου Γορτύνης καὶ Βαρθολομαίου τῶν ἀποστόλων.

26. Ἀδριανοῦ καὶ Ναταλίας τῶν μαρτύρων.

27. Ποιμένος καὶ Ὁσίου τῶν ὁσίων.

28. Μωυσέως ὁσίου τοῦ Αἰθίοπος.

7. Dometios and Sozon the martyrs.

8. Anastasios and Triantaphyllos the neomartyrs.

9. Apostle Matthias.

10. Archdeacon Lavrentios the martyr.

11. Euplus the martyr. Nephon, patriarch of Constantinople.

12. Photios and Aniketos the martyrs.

13. Maximos the confessor.

14. Michah the prophet. Symeon the neomartyr.

15. The Dormition of our most holy, glorious Lady, the Theotokos and ever virgin Mary.

16. Nikodemos, Apostolos, and Stamatios the neomartyrs.

17. Venerable Myron, Eutychios, Eutychianos, and Kassiane.

18. Demetrios the neomartyr. Venerable Arsenios of Paros.

19. Andrew the Stratelates and Venerable Theophanes.

20. Samuel the prophet.

21. Thaddaios the apostle.

22. Agathonikos the martyr and his companions.

23. Venerable Nicholas and Dionysios of Olympos.

24. Kosmas Aitolos, equal-to-the-apostles.

25. Titos, bishop of Gortyna and Bartholomew the apostles.

26. Adrianos and Natalia the martyrs.

27. Venerable Poimen and Hosios.

28. Venerable Moses the Ethiopian.

29. Ἡ ἀποτομὴ τῆς τιμίας κεφαλῆς τοῦ ἁγίου ἐνδόξου Προφήτου, Προδρόμου καὶ Βαπτιστοῦ Ἰωάννου.

30. Φαντίνου καὶ Ἰανουαρίου τῶν μαρτύρων.

31. Ἡ κατάθεσις τῆς τιμίας Ζώνης τῆς ὑπεραγίας Θεοτόκου.

29. The beheading of the honorable, holy, glorious, prophet, and Forerunner John the Baptist.

30. Plantinos and January the martyrs.
31. The placing of the venerable belt of the most holy Theotokos.

ΤΩ ΘΕΩ ΔΟΞΑ

GLORY BE TO GOD